山东省社会科学规划研究项目“报业发展战略与报业品牌运营”（项目编号：10CXWJ01）研究成果

报业发展战略与报业品牌运营

刘明洋 王景强 等编著

山东人民出版社
国家一级出版社 全国百佳图书出版单位

图书在版编目(CIP)数据

报业发展战略与报业品牌运营/刘明洋，王景强等编著. —济南：山东人民出版社，2014.12
ISBN 978-7-209-08793-3

Ⅰ.①报… Ⅱ.①刘… ②王… Ⅲ.①报业—发展战略—研究—中国 ②报业—品牌—运营—中国 Ⅳ.①G219.2

中国版本图书馆CIP数据核字(2014)第297398号

责任编辑:李言英　王惠洁

报业发展战略与报业品牌运营
刘明洋　王景强　等编著

山东出版传媒股份有限公司
山东人民出版社出版发行
社　址:济南市经九路胜利大街39号　邮　编:250001
网　址:http://www.sd-book.com.cn
发行部:(0531)82098027　82098028

新华书店经销
莱芜市华立印务有限公司印装

规　格　16开(169mm×239mm)
印　张　11.5
字　数　160千字
版　次　2014年12月第1版
印　次　2014年12月第1次
ISBN 978-7-209-08793-3
定　价　26.00元

如有质量问题,请与印刷厂调换。　电话:(0634)6216033

目 录

导 言

新世纪以来，面对着来自于互联网、移动网络、社交媒体、户外媒体等等新兴媒体的强力冲击，传统报业的生存空间日益收窄，全国实际出版的近2000种报纸中相当一部分处于艰难支撑的境地，特别是近几年更让报业感受到了寒冬的凛冽；另一方面，面对着“报业寒冬”、“报业衰亡”的拷问和争议，一些报业集团也通过审时度势、谋篇布局、主动转型，在市场的洗礼中得到长足发展，出现了多家具有较强实力和品牌影响力的报业集团。实践证明，面对来自多方面的压力与挑战，积极地、主动地迎接新媒体的挑战，报网融合，跨媒体、跨地域、跨行业发展，打造全媒体传媒集团，正在成为报业转型发展的主攻方向。

传统报业向全媒体传媒集团的转型，是涵盖了组织、技术、产品、人员、文化和商业模式等在内的系统转换，是报业适应环境和需求逐渐培育、重塑自身机能的长期过程，系统性和持续性是这个转型的基本要求。本课题“报业发展战略与报业品牌运营”正是在这一背景下展开的。我们认为，报业向全媒体传媒集团转型，品牌是一个应予重点考量的要素，转型的依托在品牌，转型的方式在于品牌导向的整合运营，转型的方向在于提升、发挥品牌价值。概言之，即：报业转型需要品牌，品牌需要运营，运营需要整合品牌价值链。

一

品牌是市场经济充分发育的结果，是市场竞争的制高点。随着媒体的发育特别是各类新兴媒体的层出纷涌，传媒经济已经进入品牌经济的时代。报业转型中之所以必须以品牌为重要依托，强化品牌战略，实行品牌化发展，其原因在于：

品牌是识别力。品牌的直接功能是识别，是海量消费信息情境下最有效的识别手段。21 世纪是信息社会，我们处在一个海量信息狂轰滥炸的社会中，“信息超载”、“注意力不足”是我们面对的基本情境。即以媒体而言，除了传统的广播、电视、报纸、期刊相互争夺之外，更有互联网、移动网络、社交媒体、户外媒体、通路媒体等形形色色的媒体在蚕食着受众的注意力。可以说，“媒介化生存”已经成为当代人的现实生存情境。在这样的情境下，如何让受众选择我们而不是其他产品、其他的传播渠道呢？品牌，应当是这种消费情境下最有效率的识别手段。

品牌是影响力。报纸连同其他类型的媒体，作为精神产品，和其他产品和服务不同，更多的是一种价值观的销售。报纸上的新闻每天都是新的，经由报社采编运作所呈现出的价值标准、价值导向是稳定的；受众所选择、认同的，实际上就是通过传媒品牌所展现出来的价值观。因而，品牌之于传媒、之于报业，是实实在在的“金字招牌”，是报业影响力和竞争力的最重要来源。

品牌是凝聚力。品牌是受众以及其他利益相关群体（包括政府、社区、中介机构和专业机构等等），价值认同的纽带、情感连接的桥梁，是超越于有形产品之上的强大凝聚力和感召力。报业向全媒体转型，其直接的表现就是多产品、多产业的拓展。依托品牌的凝聚力和感召力，更有利于新产品、新产业为受众接受、认可，更有利于积聚新产品、新产业发展所需要的各种社会资源，从而为报业向全媒体转型提供强大的助力。

品牌是永续发展的坚实依托。从长远而言，随着 IT 业与电信业等产业力量向传媒业的全面渗透，电信、IT 界与传媒业的大汇流、大整合才刚刚开始，传媒业的跨地域全球化竞争也只是初见端倪。从这个意义上讲，报业的转型，传媒业的转型，可以说只有“进行时”，没有“完成时”，一切均不确定，一切均需探索。在这场没有终点的航程中，品牌连同其所蕴含的价值观和文化，才是我们唯一可靠的依托，也是我们始终不变的航标。

如《今日美国》资深记者凯文·曼尼在其著作《大媒体潮》中所言，21 世纪的媒介市场竞争已逐渐成为品牌之间的较量。在这样的大格局中，报业转型发展，必须强化品牌建设，以品牌认同为起点，强化品牌对受众的凝聚力，对资源的吸附力，对新产品和新产业的拓展力，搭建多产品、多产业、多样化商业模式的立体经营格局。简言之，即报业品牌驱动全媒体发展。

知易行难。认识到品牌的价值固然重要，对品牌有效地进行运营更为关键。所谓“运营”，是一个包括了计划、组织、实施和控制的管理过程，是一种以提高效率、提升价值为目标的系统的、持续的管理行为。自上世纪 50 年代品牌理论出现以来，管理学对品牌的认识日益深化，从大卫·奥格威首先提出“品牌是一种错综复杂的象征”的“品牌形象说”以来，菲利普·科特勒、Alexander L. Biel、奥美公司等等，又分别从不同的角度提出了品牌符号说、品牌资产说、品牌关系说等等品牌理论，使得人们对品牌的认知从直观的“形象”逐步向“价值的象征”、“承诺的保证”、“情感的纽带”和“无形的资产”等层面深入。以之为依托，一系列品牌管理工具包括品牌定位、品牌设计、品牌沟通、品牌营销、品牌延伸、品牌审计等等也因应运而生，成为企业经营特别是市场营销的热点。这些品牌理论研究和品牌管理实践的成果，使得我们可以以全面深入的视野审视品牌，从系统和全局的高度推进品牌战略，构建报业品牌运营的体系、模式和具体的策略、路径，实现报业的品牌化发展。

二

按照品牌运营的要求，本课题立足于价值链理论，结合传媒和报业发展的实际，从品牌环境—品牌战略—品牌定位—品牌形象—品牌营销—品牌健康管理—品牌文化七个关键环节入手，对报业品牌运营进行了探讨。

报业品牌建设是因应环境变化的结果，对市场环境、社会生态系统的清晰把握是做好品牌运营的前提。第一章《媒介研究与报业品牌环境》，运用媒介研究的四个视角，包括媒介生态研究、媒介受众研究、媒介效果研究和媒介形态研究，系统探查当前的报业市场环境。通过这些探查，我们可以看出，当前的媒介环境，从社会系统而言，已经进入“媒介化生存”的阶段，媒体的高度发育和相对过剩、媒体对社会生活的全面介入，已经成为当代社会的基本情境。由此而言，当代社会已经进入品牌时代，传媒市场也已经进入品牌经济的时代，媒体的竞争已经成为品牌主导的全面竞争。同时，“数字化”不仅破除了不同媒介之间的壁垒，也架起了传媒业与IT产业、电信业融合的桥梁。置身于“媒介化”和“数字化”时代背景下，报业的转型发展，必须站在传媒业与IT产业、电信业全面融合的高度，以数字化为依托，以品牌为主导，打造跨媒体、跨地域、跨行业的全媒体传媒集团。

第二章《价值链整合与报业品牌战略》在对品牌战略的研究中引入了价值链的视角，指出品牌战略的目标是价值增值，品牌战略的运用，本质上是价值链的重构和协同效应的发挥。结合报业经营的实际，研究提出了报业品牌建设的三大战略，即，基于影响力的内容价值模式、基于竞争力的渠道价值模式、基于整合力的营销价值模式，此即业内所谓的“内容为王”、“渠道为王”和“市场制胜”。我们认为，业内关于到底是“内容为王”还是“渠道为王”一类的争论，是没有太大意义的，报业向全媒体的转型，是一个系统的转换，内容、渠道、营销均不可偏废，关键是均要以价值增值和整体协同为落脚点，以品牌价值提升为方向。

“无定位，无品牌”。定位，本质上是确立品牌的核心价值。它是品牌战略的核心，是品牌战略的原点，也在很大程度上规定了品牌成长的空间。企业的一切价值活动都要围绕品牌定位即品牌的核心价值展开，是对品牌核心价值的体现与演绎，并丰满和强化品牌核心价值，一些研究者如艾·里斯、杰克·特劳特甚至将品牌定位直接等同于品牌战略。第三章《核心价值与报业品牌定位》在对报业品牌定位的内涵、实质以及确立定位的原则、角度全面梳理的基础上，提出了“三位一体”的报业品牌定位模型，即主要从受众、客户和自身三个维度出发，提炼整合报业品牌的核心价值，并结合案例对定位的方式、路径进行了详细的探讨，为报业品牌的定位和再定位（在报业转型中，一般要涉及品牌再定位问题）提供了一个可资借鉴的模型。

品牌形象是目标客户对品牌的综合认知。品牌是一种基于客户认可而形成的资产，品牌的核心价值，只有转化为客户心智中的品牌形象，其价值才能得以实现，品牌资产才能真正得以建立。报业品牌形象是媒体和受众一起构建起来的，受众本身既是报业来品牌形象的接受者，也是创造者、建设者。在这些基本理念的基础上，第四章《受众体验和报业品牌形象》着重从信息时代媒介与公众相互消费、相互规范、相互创造的“媒介生活”情境出发，引入“积极的受众”概念和“受众满足模式”理论，提出弥合传受差距是品牌形象建立的关键，在传统纸媒公信力、权威性的基础上，更加强调对受众的服务性、体验性和参与性，并结合一些媒体的成功实践，提出了议题参与、建立联盟或俱乐部、线上线下活动、创办社区媒体和共同分享等增进受众参与体验的方式。

品牌营销是一个将品牌核心价值植入目标客户心智中，实现客户对品牌的认知、尝试、偏好直至忠诚的过程。为了应对信息时代媒介发达和资讯的泛滥，整合营销传播理论（Integrated Marketing Communication，IMC）于上世纪90年代在美国出现，并迅速得到全世界营销理论研究者、企业管理者广泛认同和积极实践。“IMC把品牌等与企业的所有接触点作为信息传达渠道，以直接影响消费者的购买行为为目标，是从消费者出发，运用所有手段进行有效传播的过程”。第五章《整合传播和报业品牌营销》认为，在当前信息渠道多元化、载体多元化、受众多元化的媒介环境下，报业品牌的成长与营销，也需要通过整合传播的方式来实现。在此基础上，研究提出，做强报业主业，是报业品牌营销的基础，其方向一是整合内部资源，提升品牌价值，二是整合外部资源，实现品牌拓展。具体的整合方式，包括：构建内容传播新载体，如依托报业信息资源开发网络版、手机报、新闻客户端等，或根据特定目标受众、特殊渠道进行专业定制等；搭建互动平台，如举办读者节、兴办各类层次的读者俱乐部等；搭建活动平台，利用报业的影响力和资源优势，通过活动平台延伸报业的价值链，国内一些财经类报纸都已经形成了系列化的活动品牌；搭建专业平台，利用报业优势，组建各类专业机构，如财经研究院、传播研究所、区域经济研究中心、全媒体营销工作室等等；搭建服务平台，如国内报业普遍开展车展、房展、数码产品展、特色农产品展、旅游产品博览会等；搭建产业平台，即按照有限多元化的方式，按照文化产业的属性，向教育、培训、影视、动漫以及文化产业园区经营等领域拓展；搭建多媒体传播平台，为客户提供品牌整合传播服务，等等。整合营销传播本身是一个亟需创意创新的领域，媒体人恰恰是一个极具创造力的群体，在这个领域应该是可以大有作为的。

伴随着经济全球化、信息时代和公民社会的进程，我们已经进入到一个典型的“风险社会”的时代。第六章《风险时代和报业品牌健康管理》认为，报业由于其具有意识形态和精神产品的双重属性，受政策和市场双重规制，兼之承载了社会转型期政府、民众的多重期待，自身又面临着改革发展的艰巨任务，所面临的风险是全方位的，所面对的挑战是前所未有的。从大的方面而言，主要包括导向和理念上的风险、内容上的风险、过程中的风险、人力上的风险，其中任何一个方面的风险都有可能触发严重的甚至是倾覆性的危机。按照“风险——突发事件——危机”的品牌危机演化路径，本课题提出了一个包括日常维护系统、风险监测系统、危机处理系统、品牌修复系统四个模块的“报业品牌健康管理模型”，并提供了相应的工作策略和工作机制。

“品牌的背后是文化”，文化是品牌的根基。第七章《品牌团队与报业品牌文化》提出了报业品牌文化建设的两个重点，一是内部品牌文化建设，主要是在报业内部建立一致的核心价值观，以及实现新闻理念、新闻标准和采编行为的规范化；二是外部品牌文化建设，即发挥媒体作为社会公器的作用，引领社会风尚，张扬主流文化。文化建设以人为主体，报业品牌文化建设要高度重视作为基本团队的采编人员、作为专业团队的品牌部门人员以及外部专业协作团队的培育建设，以团队的力量实现报业品牌文化的根深繁茂、生生不息。

以上七章，按照品牌价值链的逻辑，结合报业发展实际，构成了报业品牌运营的基本模式。在此基础上，第八章以大众日报为案例，对党报品牌运营的实践进行了剖析。大众日报是1939年创刊的党报，迄今已有70余年的历史，也是当前在全国占据领先地位的地方党报之一。早在2009年大众日报就成立了品牌职能部门，并在报社的全力支持下在品牌运营方面进行了多方位的探索和试验。本章以大众日报“新闻发现价值，活动放大价值，策划服务提升价值”的品牌运营理念为线索，对大众日报近年来的品牌运营实践进行了梳理，以此为报业的品牌运营提供现实的借鉴。

“打造品牌是一个事关长期价值的事业，而不是杜撰明天的头版头条。”（菲尔纳·吉尔摩）在传媒业大发展、大整合的复杂环境中，在转型发展的关键时段上，报业的品牌运营自然是问题丛生、疑问多多。本课题的研究在遵循品牌运营基本要求的基础上，尽力做到从传播学、管理学、产业经济学和营销学等多学科的前沿理论中汲取营养，尽力做到贴合报业发展和品牌运营实践，力求避免研究的简单化、空洞化和零散化。

但是，在从本课题立项到研究的3年时间里，报业所处的大环境以及报业自身都发生了巨大的变化，而且还在持续的变化中。因此，课题中的一些观点和见解已显陈旧，引用的部分资料和数据的说服力也需要进一步印证。好在，作为社科项目的结题报告，只是对于报业战略与品牌完成了一个阶段性研究。对于其中不尽人意之处，我们将通过今后的研究加以完善。

第一章 媒介研究与报业品牌环境

第一节 品牌时代的媒介品牌竞争

随着市场竞争的发展，品牌营销与管理已经成为人们关注的焦点。企业越来越意识到被消费者认可的品牌对于企业巨大的价值。整合营销传播之父舒尔茨曾经说过："在势均力敌的商场上，企业唯一的差异化特色，在于消费者相信什么是厂商、产品或劳务以及品牌所能提供的利益。"[①] 塑造品牌，提升品牌力已经成为在竞争中确立市场地位的关键。

中国媒介市场化的不断深入和竞争日益激化，品牌的意义更加重要，使媒介也开始关注品牌对于竞争力和市场地位的巨大作用。

一、媒介品牌

媒介品牌，不只是通过广告语、形象设计、主持人或者某一媒介产品来树立形象的，而是媒介文化与媒介商业共同作用下而出现的，同时具有商业价值和文化价值。媒介品牌建设的过程一定是个互动的过程，表现为媒介与受众之间的一种紧密关系，更多地表现为一种精神体验。但最终体

---

① 〔美〕海蒂·舒尔茨：《整合营销传播》，何西军等译，中国财政经济出版社2005年版。

现为一种文化价值，与其它产品品牌相比，媒介品牌的可延展性更强。总结来说，媒介品牌有以下属性[①]：

1. 具备品牌核心价值；
2. 强大的社会影响力；
3. 具有鲜明的品牌个性；
4. 具有正面的品牌联想；
5. 在受众群中拥有品牌忠诚度；
6. 较高的接触率；
7. 较高的知名度和美誉度；
8. 稳定的广告收入。

二、品牌竞争时代的媒介品牌竞争

品牌理论与实践的提出有一个基本的前提，即传媒产品达到高度同质化之后，传媒如何才能获得竞争优势呢？一个好的节目或者一篇好的报道会提高媒体的影响力，但是，不是每个节目和报道都具有这样的水准，靠一个节目或者几篇文章打天下，无法得到受众长期的忠诚和偏好，因而也无法得到稳定的到达率；基于利益提供所获得的用户往往具有不稳定性，即只要有竞争对手提供更为丰富的利益，就会导致用户的流失。因此，媒介品牌的竞争过程正是在利益供给达到高度同质化的背景下，通过情感的构建而获得竞争优势的过程。

美国著名管理公司麦肯锡公司认为，建立一个强劲品牌需要经历三个阶段：即“商品”变为“名字”；“名字”上升为“品牌”；“品牌”飞跃为“强劲品牌”。[②] 应用到媒介品牌的竞争过程上来，可以类比转化为“记住我”—“喜爱我”—“依赖我”的三个阶段。这是媒介品牌通过受众对其感情程度从“品牌认知”到“品牌偏爱”再到“品牌依赖”而构建品牌

---

① 陈兵：《媒介品牌论——基于文化与商业契合的核心竞争力培育》，中国传媒大学出版社 2008 年版，第 58 页。

② 凌昊莹：《媒介经营管理》，中国广播电视出版社 2006 年版，第 106 页。

的过程。

在品牌竞争的过程中，媒介通过品牌运营，在目标受众群体建立更高的知名度和美誉度，完成“品牌认知”的第一步。进而通过媒介品牌的运营，建立起与目标受众群体和广告客户的情感联系和文化契合，完成“品牌偏爱”的第二步。最终，通过媒介品牌运营，使受众在信息获取和价值观念上产生高度的信任和依赖，使客户在信息传播和价值观念上产生高的信任和依赖，完成“品牌依赖”的第三步。

三、媒介品牌竞争现状分析

2013 年第十届世界品牌大会暨中国 500 最具价值品牌评比中，世界品牌实验室基于财务分析、消费者行为分析和品牌强度分析得出中国 500 最具价值品牌，其中传媒行业有 44 家上榜。其中 CCTV 位列传媒品牌第 1 位，同时位居 500 强中的第 4 位，其品牌价值为 1682.37 亿元，从品牌价值角度分析，已经迈进世界级品牌阵营。据统计，传媒行业品牌，占总数的 8.80%，仅次于食品饮料（75）、纺织服装（44），位居第三位。可见传媒行业的品牌整体实力较强，同时也意味着传媒行业内部品牌竞争会愈加激烈；同时，传媒行业内品牌价值差距巨大，梯队分化严重，仅前三强 CCTV、凤凰卫视、人民日报达到 200 亿以上，而第四至第十九位则在 100 亿以上，而剩余品牌则在 100 亿以内，三大梯队差异明显。[①] 传媒行业内部各品牌差异巨大，品牌竞争激烈，这意味着中国传媒行业已经由产品竞争阶段进入品牌竞争阶段。

表 1　　传媒行业品牌分布

排名	品牌名称	品牌拥有机构	品牌价值	主营行业	影响力	发源地	上市
4	CCTV	中国中央电视台	1682.37	传媒	世界	北京	否
46	凤凰卫视	凤凰卫视控股有限公司	311.57	传媒	世界	香港	是
68	人民日报	人民日报报业集团	235.62	传媒	世界	北京	否

① 数据来源：http://brand.icxo.com/brandmeeting/2013china500/最后访问时间：2013－12－10。

续表

排名	品牌名称	品牌拥有机构	品牌价值	主营行业	影响力	发源地	上市
102	广州日报	广州日报报业集团	165.68	传媒	中国	广东	是
104	参考信息	新华通讯社	164.36	传媒	世界	北京	否
108	湖南广播电视台	湖南广播电视台	311.57	传媒	世界	香港	是
111	江苏省广播电视台（集团）	江苏省广播电视台（集团）	156.18	传媒	中国	江苏	否
126	浙江广电集团	浙江广电集团	143.95	传媒	中国	浙江	否
129	SMG	上海广播电视台、上海东方传媒集团有限公司	141.85	传媒	中国	上海	否
136	羊城晚报	羊城晚报报业集团	131.15	传媒	中国	广东	否
138	新民晚报	文汇新民联合报业集团	130.85	传媒	区域	上海	否
139	南方广播影视传媒集团	广东南方广播影视集团	129.62	传媒	中国	广东	否
142	南方日报	南方报业传媒集团	127.15	传媒	中国	广东	否
143	南方都市报	南方报业传媒集团	126.58	传媒	区域	广东	否
150	扬子晚报	新华报业传媒集团	125.36	传媒	区域	江苏	否
162	深圳特区报	深圳报业集团	120.56	传媒	中国	广东	否
164	北京晚报	北京日报报业集团	118.31	传媒	区域	北京	否
170	北京	北京电视台	115.69	传媒	中国	北京	否
173	读者	读者出版传媒股份有限公司	115.45	传媒	中国	甘肃	否
185	南方周末	南方报业传媒集团	96.67	传媒	中国	广东	否
187	经济日报	经济日报报业集团	95.57	传媒	中国	北京	否
189	半月谈	新华通讯社	95.52	传媒	中国	北京	否
190	深圳商报	深圳报业集团	95.35	传媒	区域	广东	否
201	环球时报	人民日报报业集团	84.76	传媒	中国	北京	否
210	中央人民广播电台	中央人民广播电台	83.26	传媒	中国	北京	否

续表

排名	品牌名称	品牌拥有机构	品牌价值	主营行业	影响力	发源地	上市
221	今晚报	今晚传媒集团	80.28	传媒	区域	天津	否
234	计算机世界	计算机世界传媒集团	78.15	传媒	中国	北京	否
257	华西都市报	四川日报报业集团	74.52	传媒	区域	四川	否
269	钱江晚报	浙江日报报业集团	72.18	传媒	区域	浙江	是
290	京华时报	京华时报社	66.58	传媒	区域	北京	否
324	光明日报	光明日报报业集团	59.52	传媒	中国	北京	否
330	21 世纪经济报道	南方报业传媒集团	58.86	传媒	中国	广东	否
331	浙江日报	浙江日报报业集团	58.36	传媒	区域	浙江	是
340	齐鲁晚报	山东大众报业集团	54.46	传媒	区域	山东	否
346	楚天都市报	湖北日报传媒集团	47.92	传媒	区域	湖北	否
350	大河报	河南日报报业集团	46.45	传媒	区域	河南	否
375	中国汽车报	中国汽车报社有限公司	39.85	传媒	中国	北京	否
377	东南卫视	福建广播影视集团	39.75	传媒	中国	福建	否
378	半岛都市报	山东大众报业集团	39.72	传媒	区域	山东	否
392	时尚	时尚传媒集团	35.68	传媒	中国	北京	否
397	海峡都市报	海峡都市报社	35.16	传媒	区域	福建	否
421	财经	财经杂志社	29.68	传媒	中国	北京	否
423	燕赵都市报	河北报业传媒集团有限公司	29.65	传媒	区域	河北	否
471	中影集团	中国电影集团公司	23.62	传媒	中国	北京	否

在媒介竞争进入品牌竞争过程中，不乏较为成功的案例，如南方报业集团。南方报业集团从上世纪 90 年代起，因形势的变化，实施“龙生龙，凤生凤”的多品牌发展战略，打造了一系列成功的子品牌媒体，被誉为中国报业“定位最清晰、结构最合理，综合运营能力最强，在国内最具影响力”的报业传媒集团。近几年来，为适应数字化时代的生存需要，集团又提出了媒体聚合战略，通过集团旗下不同媒体形态的聚合、不同媒体品牌的聚合，将南方报业打造成国内领先、具有国际竞争力的跨媒体、跨行业、

跨地域的传媒集团。

第二节 媒介研究的四个维度

媒介作为品牌传播载体，其重要性不必多言。但是，对于媒介，并不是所有品牌传播的实施者都是完全认识并理解的。近些年，随着经济社会文化形态的变化和传播技术的发展，媒介正在发生着深刻的变化。各类媒介以及由其构成的品牌传播的媒介环境，已经今非昔比。媒介的载体功能、传播价值、效果体现，都具有了明显的新趋势。从媒介研究的四个维度出发，认识并真正读懂媒介，无疑是理解报业品牌传播环境的重要战略起点。

对于媒介的关注，是传播学研究的重要传统和领域。在传播学研究的历史上众多的研究流派或研究模式中，有一个相同点就是对传播媒介及其变革的研究。大体来说，对媒介变革的研究包括了媒介生态研究、媒介受众研究、媒介效果研究、媒介形态研究等几个方面。

一、媒介生态研究

对于媒介生态的关注，是媒介研究的一个重要视角。在吸收了传播学、生物学和生态学的成就和研究方法后发展起来的媒介生态学①总的来说可以分为两个大的部类：一个部类是以媒介为中心展开，研究媒介与其生存发展环境问题，另一个部类是以人类为中心展开的，研究人与媒介环境问题。在这里面，最核心概念是媒介生态及生态系统。关于媒介生态，美国学者戴维·阿什德（David L. Altheide）在其《传播生态学》一书中曾做过这样的表述："从某种意义上说，生态并不是作为一种（物理性）事物而存在，而是一个变动不定的流动的结构，我们将把它视为一种表述或框

---

① 崔保国:《媒介是条鱼——理解媒介生态学》,《中国传媒报告》,2003 年 02 期。

架”。[1] 阿什德倾向于用传播生态而不是传播组织来解释传播与社会的关系。对于这一点，他曾经做过如下的说明，提供了四个理由：“第一，生态暗指传播过程和互动的各种关系。第二，生态意味着为一个话题提供一个空间和关系的基础。这指的是某种媒介的特点依赖于特定的要素组合。不过，我们强调的是，通常由生态的概念所暗示的空间组合越来越被与信息技术相关的时间的或时间顺序的组合所取代。主要是我们的语言和分析的倾向引导我们聚焦于传播过程中的某些瞬间并且把它们拆分开以供研究。这种方法通常缺乏生态的基本要素，如相互依赖、互相联系和共生关系。第三，这种关系不是随意的或完全专断的；这种关系的出现对媒介（技术）的存在和运行是基础性的。第四，生态具有发展的、偶然的和突发的特点。相互依赖表明（传播）过程的任何一部分发生变化都可能会影响到另一些部分。”[2]

而媒介生态系统的基本构成要素则是媒介系统、社会系统和人群，以及这三者之间的相互关系和相互作用。媒介与个人之间的互动构成了受众生态环境；媒介系统与社会系统之间的互动关系构成了媒介制度与政策环境；媒介与媒介之间的相互竞争构成了媒介的行业生态环境；媒介与经济界之间的互动关系则构成了媒介的广告资源环境。

对传播生态的另一个关注点，在于传播情景。阿什德说，“传播生态指的是情景中的传播过程。传播生态有三个维度：一种信息技术，一个传播范式，一个社会行为。”他认为，“传播生态学的概念是建立在对意义的追问上，而不是对原由或技术主义的探寻。传播的基本要素总起来为社会行为提供了一种结构、逻辑和能力。传播生态学的主要观点就是，越来越多的社会行为发生在传播的情景中。”[3] 这样的解释，涉及了对媒介环境与社会变迁的互动、传播结构与社会发展的关系、传播范式对于传播目的的影响等方面。

---

① 〔美〕戴维·阿什德:《传播生态学》,邵志择译,华夏出版社 2003 年版,第 9 页。
② 〔美〕戴维·阿什德:《传播生态学》,邵志择译,华夏出版社 2003 年版,第 9 页。
③ 〔美〕戴维·阿什德:《传播生态学》,邵志择译,华夏出版社 2003 年版,第 12 页。

与媒介生态相关的另一个视角，是媒介环境。有两个重要的方面特别值得关注：一是媒介环境的“分层”，二是媒介与环境的互动。前者是说，媒介环境事实上可分为内部环境和外部环境两个层次，内部环境（包括组织结构、管理模式、运作流程等等）构成影响媒介形态的“内系统”，外部环境（包括受众环境、社会环境、市场环境、文化环境、技术环境等等）则构成影响媒介形态的“外系统”，这两个系统同时影响着媒介的生存、演变与发展。后者是说，媒介与环境之间存在着互动，一方面，全部的环境要素都会以不同的方式、不同的力度、不同的效果参与媒介的制作、传播与接受，从而影响着媒介；另一方面，媒介对于自身所依存的环境也具有“反作用”，或者说，媒介以其自身功能的发挥，适应并改变着它的环境。特别是在“泛媒介时代”，媒介所创造的“拟态环境”，某种程度上会成为社会情景的一个组成部分，甚至在某些情况下，成为社会情景的主要组成部分。

二、媒介受众研究

对于传播受众以及传受关系的研究，也是传播学研究的一个重要传统。研究重点包括受众的形成与构成、受众类别、受众接受、受众到达、媒介使用、受众反馈等方面。

麦奎尔将受众研究划分为三大传统，分别是结构性、行为性和社会文化性受众研究。[①] 他认为，结构性研究源于媒介工业的需要，其目的是为了获得有关受众规模、媒介接触、到达率、流动情况等方面的量化信息，这些数据对于媒介广告经营来说是必不可少的。行为性受众研究的目的，是要改进和强化媒介传播效果，即通过考察受众外在的而非内在的表现，比如受众的媒介选择、使用、意见和态度等，来解释媒介的影响，预测受众的行为，为传播决策提供参考。社会文化性受众研究，内容广泛，广义上包括批判研究、文学批评、文化研究和接受分析在内，狭义上则主要指

① 〔英〕丹尼斯·麦奎尔：《大众传播理论（第四版）》，崔保国等译，清华大学出版社 2006 年版，第 312 页。

后者。它与结构性与行为性研究的不同在于，它抛弃了传播效果的刺激——反应模式，也不再服从媒介文本或媒介讯息万能的观点，更抛弃了传统批判学派所谓受众体系的观点，它认为受众具有主动性和选择性，受众的媒介使用是特定社会文化环境的一种反映，也是赋予文化产品和文化经验以意义的过程。

在受众研究领域，最先涉及的是对于“受众”的定义。最早用“大众”的概念框架来分析“受众”的，是美国社会学芝加哥学派的代表人物之一布卢默。他从更广泛的社会生活变化特征的角度进行思考，将受众这一新型集合体的形成，视为现代社会各种因素相互作用的结果，并称之为“大众”，与在此前的“群体”、“群集”和“公众”区别开来。典型的大众社会论的观点则是，“大众传播的受众无疑就是大众本身，受众具备着大众的一切特点。”[①] 在其之后，在对受众的定义方面，又出现了不同的研究视角。

一个是从受众的构成进行分析定义，研究的是作为“公众”的受众。这样的受众具有共同的目标、利益或认知，有时这些受众是环绕一个特定的公共议题而形成的。对于媒体而言，在某一个时期或阶段，策划有公共性的议题，就可以吸引大量的受众。议题的公共性越强，所吸引的受众群就越大；产生的效果也就会越大。所以，在内容制作方面，公共性依然是需要考虑的一个重要方面。即使是在受众因不同的需求出现分类、出现分众化的趋势下，公共的议题依然是争取受众的重要方式。所以，在策划时，应考虑到哪些议题可以将哪些人集中在一起？哪些议题是可以将最大化的人群集中在一起？

公共受众有些是固定的、长期的。在大多数情况下，他们的利益有共同点，围绕这个利益共同点就可以成为长期的团体受众。他们有共同关注的议题，有对共同关注议题的需求。有时，公共受众也可以是临时性的。媒介可以通过选题的策划，在某一个阶段、某一个区域或者某一个事件上，

① 郭庆光:《传播学教程》,中国人民大学出版社 1999 年版,第 172 页。

促成临时性的公共受众的产生。他们谈论的议题与媒介为他们设置的议题是一致的，但也是阶段性的。等事件一结束，他们一起形成的共同的话题就会消失，团体也因此而解除。

另一个是从媒介的传播过程和渠道进行分析定义，是作为“渠道”的受众。在这种观点下，受众成为非常具体的数字，这也正是大多数媒介企业所关注的。这种受众的观点也和市场的思维相结合，据此受众就是一批特定媒介产品的消费者。受众的组成因素——以每个媒介产品单位为基础的付费顾客、人头或者收费，也成为向广告主收费的根据。受众以收听率、收视率、阅读率等数量来表示，也正是媒介企业的重心所在。这一用法，已经成为对受众一词的主流解释，具有相当的实用意义和清楚的市场价值。它也涉及到将受众视为一种媒介产品的观点，即对任何媒介来说，属于第一而且最明白可见的效果。①

还有一个是从受众媒介接受的行为进行分析定义，即所谓“主动性”受众。这种研究，主要关注于受众接触媒介的主动性行为。这种主动性包括：选择性——媒介和内容中能够运用的选择和类型越多，那么就越可以说明受众是主动的。这种观点的证据主要出现在媒介使用方案和一贯的媒介选择模式中。非常频繁的媒介使用（如电视）极可能被定义成“没有选择性”，因此也非主动性的。实用主义——在这里受众是属于“私利式消费者的化身”。正如使用与满足途径所提到的，媒介消费多少意味着某些有意识需求的满足。就定义而言，它也包括了“选择性”，尽管选择的出现未必要依托实用性的存在。意图性——根据这项定义，一位主动的受众必须参与信息获取的积极认知过程。这种活动形态和媒介使用是并重（而非超越媒介使用）的，尽管它经常意味着不同形态的媒介订阅。因此，定期刊物或媒介订阅服务将被认为是比较有主动性的活动。对影响的抗拒——承袭“顽固受众”的观念，此种主动性的概念强调受众对于非意愿的影响或学习的限制。读者、观众或听众保留了“控制”和不受影响的权

---

① 〔英〕丹尼斯·麦奎尔：《大众传播理论（第四版）》，崔保国、李琨译，清华大学出版社2006年版，318页。

利，除非是个人自愿抉择。参与性——关于涉入性所指为何以及如何测量，有许多不同的版本。不过一般来说，受众对于持续性的媒介经验越感觉到“热衷”或“着迷”，我们便可以说其参与性越强。这也可以称作参与“情感的激发”。涉入性也可以包括下列情况：向电视做“回应”，或是在电视播放时和其他的同伴讨论电视。①

其实，受众研究的主要点，除了受众的概念之外，更在于媒介与受众间传播与接受、支配与反支配的关系。马尔库塞曾经提出过“单向度”的概念，认为，大众受众的形成是控制与同质化过程的一个组成部分，而控制和同质化导致出现了单维度（又译单向度）的社会和单维度的人。他们无力为自己辩解，而传媒却可以将“心理无知”强加给他们。② 而后期文化研究学派特别是接受分析学派抛弃了传统的“大众”概念，也否认受众不可避免的被动性，他们认为，受众从来就不是绝对被动的，而是具有一定的主动性和选择能力，他们能够按照自己的意愿解读媒介文本，并建构意义。霍尔在1973年提出了受众不同文本解码方式的假说，他的模型区分了三种解码方式：主控式解码、谈判式解码、反对式解码。③ 莫利在1992年讨论了“作者意图”的含义，并以此进行了“新受众研究”。莫利研究的显著特点，也是整体新受众研究的明显特征，是对不同的情境的更加敏感和不断精化。他认为，解读的过程受到很多因素的影响，包括文本结构、文本解读所在的社会环境、读者所属的文化以及文化对他们的解读能力、行为方式、解读机会和爱憎的影响方式等。④ 随着大众传媒向产业经营方向的发展，市场话语呈现强势，从而将大众受众视为市场、视为消费者的观念日益发达。在这种观念下，传播者与受众之间的关系被简化为一种“计算”关系，一种买卖关系，大众受众成为媒介资本和广告商（广告主）的“打工仔”。

---

① 〔英〕丹尼斯·麦奎尔：《大众传播理论（第四版）》，崔保国、李琨译，清华大学出版社2006年版，第323～324页。

② 〔美〕马尔库塞：《单向度的人》，张峰译，上海译文出版社2006年版。

③ 〔英〕奥利弗·博伊德－巴雷特等：《媒介研究的进路》，新华出版社2004年版，第615页。

④ 〔英〕奥利弗·博伊德－巴雷特等：《媒介研究的进路》，新华出版社2004年版，第616～617页。

在受众研究中，还有对“分众化”趋势的关注。著名学者尼葛洛庞帝认为我们已经进入后信息时代。后信息时代，是受众向媒介主动订购信息的时代，信息变得极端个人化，大众传播的受众往往只是单独的个人。[①]美国学者托夫勒在他的《第三次浪潮》中也曾指出，第二次浪潮中的大众传播媒介不断向人们的头脑中输入统一的形象，结果产生了大众媒介和“群体化的思想”。而第三次浪潮带来了一个“非群体化传播工具”时代。一个新的信息世界与新的传播科技一起出现了。而且这种变化将影响我们对世界的看法，也改变了我们了解世界的能力。[②] 托夫勒对现代媒介环境趋向非群体化的论述，与尼葛洛庞帝提出的“个人化”所指是一致的。结论就是，在后信息时代，大众传播需要适应越来越趋向分众化、小众化、个性化传播的需求。

三、媒介效果研究

对于媒介效果的研究，很大程度上与媒介的功能分析联系在一起。

关于媒介的功能与作用，詹姆斯·罗尔在他的书中曾从意识形态的角度进行考量，他认为意识形态便是开始媒介、传播和文化批评得很好的起点。他说，传媒信息碎片并不孤立——不存在于媒介也不存在于我们的交谈中。各种各样的信息片段凝结成意识形态系统，它过多地代表了权势人物的利益而忽视了不太富裕的人和不太起眼的人的利益。电视可能是主导意识形态最显著的传播工具，但是所有的大众媒介，包括较少被人认识到的媒介形式如邮票、橱窗、早餐麦片粥盒、汽车保险杠标志、T 恤衫、杂货铺收据、高尔夫球座、火柴纸板封面、餐馆菜单甚至便壶底部，都携带着服务于一些群体不服务于其他群体的信息。[③] 在谈到意识形态与大众媒介的关系时，他用了“形象系统”这样一个概念。他认为，支配性的意识形态的有效传播，依赖于形象系统的战略使用，形象系统有两种基本的类

---

① 〔美〕尼葛洛庞帝:《数字化生存》,海南出版社 1997 年版。

② 〔美〕托夫勒:《第三次浪潮》,中信出版社 2006 年版。

③ 〔美〕詹姆斯·罗尔:《传播·媒介·文化》,董洪川译,商务印书馆 2005 年版,第 16 页。

型：观念系统和媒介系统。观念形象系统指观念如何成型。媒介形象系统则是指观念如何在社会中流传。意识形态之所以有意义，是因为它们的内部要素以系统化的模式结合在一起。他提出，媒介形象系统可以划分为技术性媒介和社会性媒介两种。技术媒介系统指信息传播技术对社会交往的干预。社会媒介系统则是指在受众成员的日常生活的社会结构中，人们认识、解释、编辑并使用大众传媒的意识形态表征。“作为传播和塑造意识形态的一种社会工具，媒体的力量不仅可以通过重复性地引起特殊事物各级注意建立一种广为流传的新的思考方式，也可以塑造标准化的展示方式来规范事物的内涵。这种习性不仅影响了受众，而且也影响了大众文化的创造者。”①

几乎沿着相同的思路，在媒介分析方面，美国学者大卫·克罗图和威廉·霍伊尼斯曾提供了两个分析媒体的模型，即市场模型和公共领域模型。前者通常是媒体产业的支配性框架，通过一个熟悉而广泛用于衡量商业成功的经济学理念，即商业利益来评价媒体产业的成功与否。但作者认为，这样的一个模型是建立在两个假设上的，一个是建立在媒体只是一个器具的假设，一个是公众从根本上都是消费者，他们具有潜在兴趣购买大众媒体消费产品。事实上两个假设都有其不完全的方面，再加上由于市场本身存在着的局限性以及传媒产业所具有的特性，使得运用市场模型对媒体进行分析时，常常会力不从心，主要原因包括：当评价媒体时，很多媒体中的以广告为中心的经营方式就创造了一个必须给予考虑的独特市场关系，在很多方面，媒体市场并不总是回应观众并对其负责的；更重要的是，媒体并不能仅仅被认为是被消费者所用的产品，相反，如公共领域提出的那样，媒体是公众获取资讯、实现教育和其他众多整合功能的重要资源；还有就是，媒体在民主社会里的重要角色是受到法律保护的。

所以，他们又提出了公共领域的模型。这一模型的基本点在于，从公

---

① 〔美〕詹姆斯·罗尔：《传播·媒介·文化》，董洪川译，商务印书馆2005年版，第25页。

共领域的角度看，媒体通常被定义为一个正常运作的公共领域的核心部分，它是观点、主张、见解自由进行传播的场所。这一模型认为，社会需求并不能在市场系统内被完全满足。由于市场是以消费者的购买能力为基础的，它与理想状态的民主存在很大的差异。这一模型认为的很多社会需要是不能被市场供求动态满足的。它还主张由于其对于健康的民主的重要作用，媒体内容绝不能仅仅被认为是一种商品，相反，其它公共利益标准（如多样性和充实性）在这一模型中被更加广泛地用于评价媒体的运作。不同于以经济利益衡量媒体的传统标准，公共领域模型将公共利益视为媒体变化的度量衡，并把为公共利益服务作为评价现代媒体产业的核心组成部分之一。[①]

美国另一位传播学研究的著名学者梅罗维茨则从"社会场景"下媒介责任的视角进行了研究。在《消失的地域：电子媒介对社会行为的影响》一书中，他用社会学领域中的场景理论来分析媒介、特别是电子媒介对人的社会行为产生的影响，他认为信息传递模式是社会状态的基本元素，信息传播模式的变化是造成社会变化的一个重要因素，"电子媒介最根本的不是通过其内容来影响我们，而是通过改变社会生活的场景地理来产生影响。"[②] 电子媒介通过改变社会场景的界限，不仅是简单地使我们更迅速更详细地接近事件或者行为，它们还给了我们新事件和新行为。

在他看来，社会场景的规则介于主观性和客观性之间，每一个特定的场景都有具体的规则和角色，而每一种场景定义也为不同的参与者规定和排除了不同的角色。他认为，"电子媒介跨越了以物质场所为基础的场景界限和定义"，"作为信息系统，而非物质场所，一个社会场景进行调整时可以不依赖于建造或移开墙和走廊，也无需改变接触地点的风俗和法律。

① 〔美〕大卫·克罗图，威廉·霍伊尼斯：《运营媒体：在商业媒体与公共利益之间》，董关鹏、金城译，清华大学出版社2007年版，第14~24页。

② 〔美〕约书亚·梅罗维茨：《消失的地域：电子媒介对社会行为的影响》，肖志军译，清华大学出版社2002年版，第6页。

新的传播媒介的引进和广泛使用，可能重建大范围的场景，并需要有新的社会场景的行为”。① 在看到新媒介对社会场景产生影响的同时，他也关注了媒介“产生影响”的方式。他提出了三个变量，即“恰当行为”观念的变化、媒介内容的变化和接触地点规则的变化，并因此提出了媒介“影响圈”的概念。他认为，媒介并不是在真空中发挥作用。电子媒介并不是行为变化的根本的制造者。旧的角色结构可能被信息流的新模式所破坏，但是新的角色结构永远不会由媒介创造出来，它们必须由人创造。新媒介可能会破坏旧行为模式在社会中的重要性，但是新的角色必须在人类交往和响应中形成。在媒介的内容圈方面，他认为新媒介所带来的信息系统结构的变化不仅直接影响了人们的行为，而且它们也影响了媒介的内容。所以，媒介内容的变化和社会行为的变化可能常常是相关的，不一定是因为它们之间直接而偶然的联系，而是因为它们都受到了相同因素的影响——社会场景结构的变化。电子媒介对信息系统的影响引起了媒介内容几种不同类型的变化。包括原有各种不同内容的同化、新的角色行为被描述为节目内容、节目内容演化以匹配新的信息形式、印刷媒介以电子媒介作为标准来决定“恰当的”内容。“这些媒介讯息变化的共同点是信息系统结构和它们的内容之间的环形关系。社会信息流整体模式的任何重要变化都影响所有媒介的内容。”②

四、媒介形态研究

作为媒介变革的一个重要表现，媒介形态的演进，也成为关注的一个重要方面。

美国学者罗杰·D. 维曼和约瑟夫·H. 多米尼克曾将大众媒介研究的分为四个阶段，也就是媒介本身、媒介的使用和用户、媒介的效果，以及

① 〔美〕约书亚·梅罗维茨:《消失的地域:电子媒介对社会行为的影响》,肖志军译,清华大学出版社 2002 年版,第 34 页。

② 〔美〕约书亚·梅罗维茨:《消失的地域:电子媒介对社会行为的影响》,肖志军译,清华大学出版社 2002 年版,第 171 页。

如何改进媒介。他们认为，大众媒介研究的演变具有明显的阶段性，而每种媒介的研究发展大致都遵循类似的方式。在研究的第一阶段，人们对媒介本身感兴趣，它是什么？其工作原理是什么？它用到了什么技术？它和我们已知的媒介有何异同？它能做什么？谁会用这种媒介？使用这种媒介贵不贵？第二阶段的研究，有关媒介的使用和用户的特定信息越来越积累。包括，人们生活中如何使用这种媒介？他们只用来获取信息以便节约时间，还是同时也为了娱乐，或出于其它原因？孩子们使用它吗？成人使用它吗？为什么？这种媒介满足了人们什么样的需求？这种新媒介替代了什么其它种类的信息和娱乐获取手段吗？有关这种媒介的使用的最初设想对吗？有什么最初研究没有预测到的使用方式吗？第三阶段包括对使用媒介的社会、心理和生理影响的研究。人们花多少时间在这种媒介上？它改变了人们对某些事物的看法吗？这种媒介的受众想到听到或看到的是哪些内容？使用这种媒介有什么负面效果吗？这种技术对人体有任何危害吗？媒介对人们的生活有何帮助？这种媒介能和其它媒介和技术结合使得其更加有用吗？第四阶段研究如何推进该媒介，包括对媒介的使用方式的改进和媒介本身技术方面的改进。媒介给更大范围的人们提供信息和娱乐吗？新技术如何运用到这种媒介中改善或增强其它视听功能？有没有让它的内容更有价值或更好看的途径？①

从上述四个阶段的研究中，我们都可以看到一个根本的方向，或者说是落点，那就是媒介的形态。

媒介形态，即媒介的生存状态（包括媒介的外部形态和作为内部结构的传播符号）、生存依据、媒介的传播方式方法（包括受众接受媒介信息的形式和途径）以及由此展示的媒介功能与特征。形态，不仅会使一种媒介之所以成为媒介，而且，还会让这种媒介真正实现其媒介的价值与功能。对于媒介形态的演变，罗杰·菲德勒曾概括了媒介形态变化的六个基本原则：1. 共同演进与共同生存——一切形式的传播媒介都在一个不断扩大、

① 〔美〕罗杰·D. 维曼、约瑟夫·H. 多米尼克：《大众媒介研究导论》，金兼斌等译，清华大学出版社2005年版，第6~7页。

复杂的自适应系统以内共同相处和共同演进。每当一种新形式出现和发展起来，它就会长年累月和程度不同地影响其它每一种现存形式的发展。2. 形态变化——新媒介决不会自发地和孤立地出现，它们都是从旧媒介的形态变化中逐渐脱胎出来的。当比较新的形式出现时，比较旧的形式就会去适应并且继续进化而不是死亡。3. 增殖——新出现的传播媒介形式会增加原先各种形式的主要特点。这些特点我们称之为语言的传播代码传承下去和普及开来。4. 生存——一切形式的传播媒介，以及媒介企业，为了在不断改变的环境中生存，都被迫去适应和进化。它们仅有的另一个选择，就是死亡。5. 机遇和需要——新媒介并不是仅仅因为技术上的优势而被广泛地采用的。开发新媒介技术，总是需要有机会，还要有刺激社会的、政治的或经济上的理由。6. 延时采用——新媒介技术要想变成商业成功，总是要花比预期更长的时间。从概念的证明发展到普遍采用往往至少需要人类一代人（20~30年）的时间。①

美国另一位学者保罗·利文森则认为，“媒介发展的规律是非常深刻的：当一种新媒介在特定的领域中胜过旧媒介时，并不意味着旧有的媒介即将衰落和死亡。事实上是，旧的媒介将被挤压进一个小的生存环境中，在这个环境中它将扮演新媒介所不能胜任的角色并因此而生存下去，虽然这一角色和新媒介出现之前或许有所不同”。②

关于媒介的变革，英尼克·史蒂文森还提出过“媒介流动”的概念。他认为，媒介的日益资本化和跨国化现象在很大程度上是按照资本家决定的进程对信息流动进行了重新调整，“在媒介流动和内容的构建当中，媒介的空间和时间的维度已经变得与资本的容量和社会力量的来源一样重要了。”他的结论是，媒介新秩序朝着两个不同的方向发展：越来越合理化的信息系统和无法控制的信息流动的螺旋。③

---

① 〔美〕罗杰·菲德勒:《媒介形态变化》,明安香译,华夏出版社2000年版,第24~25页。

② 〔美〕保罗·利文森:《软边缘:信息革命的历史与未来》,熊澄宇译,清华大学出版社2002年版,第48页。

③ 〔英〕尼克·史蒂文森:《媒介的转型》,顾宜凡译,北京大学出版社2006年版,第154~155页。

第三节　媒介研究视野下的报业品牌

品牌通常指的是商标，这是品牌的法律含义。品牌也代表产品的市场含义，如质量、性能、满足效用程度，及品牌的市场定位、文化内涵、消费者认知等。严格说来，品牌是指为顾客提供其认为值得购买的功能利益及其附加值产品。

品牌是一种竞争力、吸引力、亲和力，媒介品牌也标志着一种超越时空的品味和文化，对于媒介塑造良好的美誉度和公信力起着举足轻重的作用。[①] 当今，仅仅依靠媒介美学的力量似乎已经不能解决媒介的文化与商业的困境，而通过建构媒介品牌沟通媒介的文化与媒介商业，实际上可以被理解为媒介对受众、对社会、对人类必须履行的补偿行为。[②]

就报业品牌而言，其不只是用广告语、版面风格、内容深度或者某一个产品来树立的形象，更为重要的是，它实际上是受众与报纸之间的一种紧密关系与深刻体验，更多地表现为精神体验以及所体现出来的文化价值。报业品牌的内涵应该呈现抽象性、价值化、无形化的特点，包括了受众对报业品牌的认识、忠诚以及对媒介品牌核心价值的认同。报业品牌的形成从最初的报纸产品品牌发展为报业形象品牌，进而走向无形的精神品牌。随着报业品牌链的扩张，更抽象并偏于精神层面。

一、媒介生态维度下的报业品牌

媒介生态研究关注媒介本身的相关问题以及媒介生存与发展环境。在

---

① 陈兵:《媒介品牌论——基于文化与商业契合的核心竞争力培育》,中国传媒大学出版社 2008 年版,第 56 页。

② 陈兵:《媒介品牌论——基于文化与商业契合的核心竞争力培育》,中国传媒大学出版社 2008 年版,第 6 页。

此维度下的报业品牌，需要关注的是报业品牌的内部环境和外部环境两个层次。

报业品牌的内部环境是指报业品牌的组织结构、管理模式、运作流程等。外部环境包括报业品牌所处的社会环境、市场环境、技术环境、文化环境等。

随着我国报业市场的不断发展完善，报业的竞争也日趋激烈。从报业品牌的内部环境来看，报业的经营者应强化品牌意识，转变经营思路，面向市场，优化报业自身经营运作结构，创新报业发展模式；从报业自身的结构突破，走报业集团化发展的道路，以优化资源配置，提高效率，实现规模经济，有利于增强报业的竞争力和影响力，使报业持续健康发展；实现从事业法人到事业、企业法人的突破，明晰产权，建立规范的现代企业制度；经营管理上制定管理目标，统领财务收支职能，提高成本管理水平、降低成本费用、提高资本增值效应、增强竞争能力。

从报业品牌的外部环境来看，以数字技术、网络技术为核心的传播技术环境的变化对报业品牌带来了最大的挑战。新媒介的迅速发展打破了报纸对新闻信息传播的垄断，对报纸的印刷、发行、广告等市场带来强有力的冲击，形成严峻的挑战。北京电通研究报告显示报业品牌的外部环境严峻[①]：通过对中国城市居民调查（CNRS）数据分析发现，近 3 年来，阅读报纸的人数呈逐年减少趋势，报纸的总体日到达率降幅达到 12%，并且各年龄层读者均有流失，出现年龄越轻到达率下降越为明显的现象，其中 15～24 岁年轻读者降幅高达 24%（图 1－1）。不仅如此，人们在报纸媒体上所花费的时间也出现缩减，各年龄层每天看报纸的时间都越来越少，均有两位数的下降幅度，而中老年群体降幅尤为突出（图 1－2）。随着报纸读者的不断流失，报纸销量也呈现下滑，据世纪华文对全国 60 城市的监测数据显示，2012 年全国报纸总销量下滑 3.09%。

---

① 《数字时代传统报业的劫与解》，北京电通广告有限公司研究成果，网址：http://www.beijing-dentsu.com.cn/shownews/161/604 最后访问时间：2013－11－16。

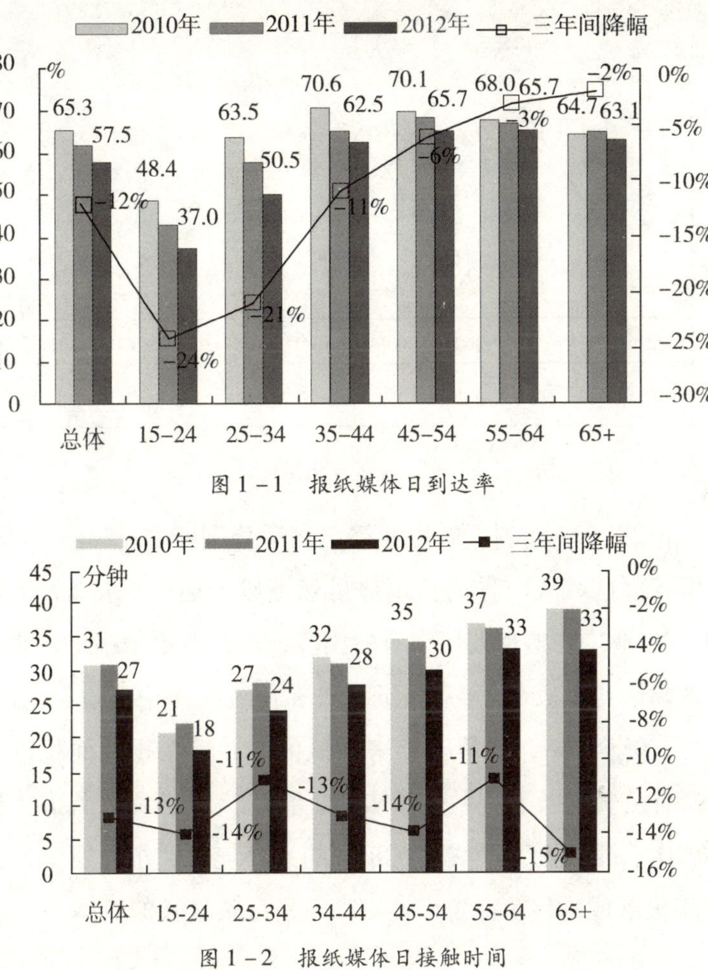

图 1－1　报纸媒体日到达率

图 1－2　报纸媒体日接触时间

报纸发行量萎缩动摇了广告主对于传统报业广告的信心，来自CTR2013 年广告主广告营销调查数据表明，传统报纸广告将成为企业减少营销费用的首选。目前中国报业的主要收入 90% 左右来源于广告，广告费用的削减无疑触碰到报业的生存根基。纵观近十年来报业广告市场的发展趋势，跌宕起伏不断波动中已步入下行通道，并于 2012 年首次跌入谷底（图 1－3）。

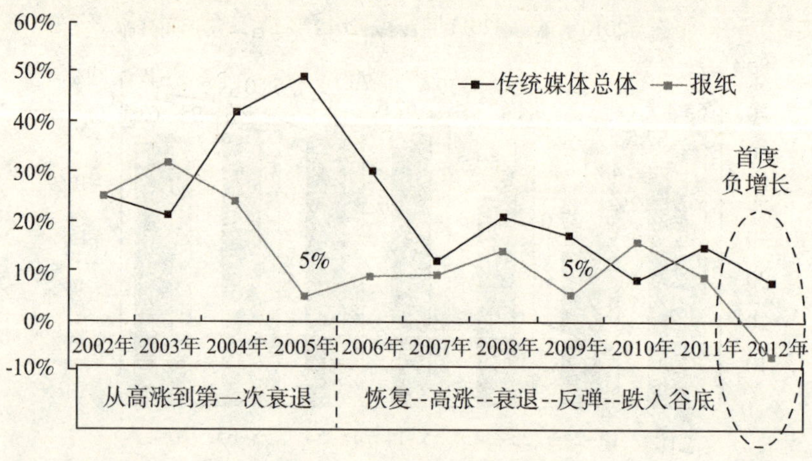

图 1－3　近十年报纸广告增幅与趋势

报纸广告于2003年创下辉煌业绩，之后分别于2005年、2009年相继进入两个低谷，这两次广告增长走势虽然下跌，但仍保持5%的增幅。直至2012年，报业广告遭遇前所未有的困境，广告费用增幅十年来首度出现负增长，降幅达到7%。同年，报纸广告在传统媒体中的份额已由2002年18%的占比下降至7%，滑落十年来最低值，并且在投放面积以及投放次数上均呈现首度负增长。种种迹象表明，报纸广告已跌入谷底，这一次所面临的危机比前两次更为严峻，在相同的大环境下，报业所受冲击最为明显，2012年报纸成为传统广告市场中唯一呈现负增长的媒体。

二、媒介受众维度下的报业品牌

媒介受众维度关注的一方面是作为“公众”的受众、作为“渠道”的受众和“主动性”的受众的受众性质，另一方面是媒介与受众间传播与接受、支配与反支配的关系，以及受众“分众化”的趋势。这就要求报业品牌构建的过程中，注重分析报纸目标读者及潜在读者，进行品牌的定位。同时关注读者与报纸间的互动关系，在后信息时代，及时适应分众化、小众化、个性化的传播需求，及时调整报业品牌战略。

报业品牌的构建，需要根据自身的特点，不断培养、塑造自己的受众。作为“公众”的受众，具有共同的目标、利益或认知，通过策划特定公共性的议题，能够使公众环绕这一议题形成受众群体，巩固固有受众群体，并将潜在受众转变为固定受众。在形成固定受众群体和潜在受众群体后，报业的品牌效益可以通过受众所形成的广告受众群体获得广告市场价值。同时，不应忽视受众主动性选择的变化，分析受众对报纸的评价与期望，报业品牌需要整合和调整自身的内容。

面对数字网络技术带来的冲击，报业品牌需要从内容和形式上创新形式，以适应分众、个性化的传播需求。内容上，通过致力于产品定位的多样化、产品表现方式的多样化以及制作加工的多元化及三个层次的叠加，对占有的信息资源进行整合，生产出更加多样化的内容产品，实现信息资源的最优化利用，以科学的媒介产品生产链条和更加完备的媒介产品结构，适应受众的多样化需求。形式上，通过创新报纸形式，如定位于社区受众的专门化报纸社区报形式，实现对受众的精准传播；利用新媒体技术，将报纸的内容以数字化形式传播，顺应信息的碎片化与受众需求的碎片化，实现报业内容传播的效益最大化和品牌印象的强化。

三、媒介效果维度下的报业品牌

媒介效果的研究，关注的是媒介功能和媒介功能的实现。曾经有两个重要的分析模型，一个是市场模型，一个是公共领域模型，前者看重的是媒介带来的商业价值，后者看重的则是媒介带来的社会价值和公共价值。报纸作为精神产品，同时也作为物质产品，它又与其他物质产品同样具有社会的使用价值，具有劳动者使用劳动工具作用于劳动对象的过程。同时，报纸存在着使用价值与社会效用一致的关系，它既可能产生正面的社会效用，又可能产生反面的社会作用。

报业品牌的市场价值来自于其提供的商品，商品的含义包括两个层次，第一层是指报纸的版面内容和广告版面，供受众和广告主消费。第二层次则是指受众的注意力，传播经济学者达拉斯·斯麦兹提出“受众商品论”(Audience As Commodity)，他认为媒介的言论、信息或者思想只是吸引顾客登门造访的“免费午餐”，受众的注意力才是经营大众传播媒介的主要产品。① 对于报业品牌而言，受众群体的数量和质量，更细分则是受众的年龄、性别、文化程度、收入、购买力等，才是报业经营者最有价值的商品。报业品牌的构建过程中，需要从其提供的商品的两个层次入手，一方面提升内容与广告的吸引力，另一方面关注受众群体的数量和质量，其最有价值的商品，恰恰是报纸的发行量、阅读率等信息性、资料性的商品。

报业品牌的社会和公共价值源于媒介处于公共领域核心部分的地位，当社会需求不能在市场系统内被完全满足时，媒介内容将不仅仅作为一种商品而将作为是否满足社会公共利益的评价标准。报业品牌的构建过程中，不能仅仅将市场经济效益放在首位，而忽视社会公共效益。健康向上的报刊，它的使用价值与社会效用关系是一致的；荒诞淫秽的报刊，它的使用价值与社会效用关系是背离的。在社会娱乐化的大潮中，坚持新闻价值与正确导向性是报业品牌构建、实现经济效益和社会效益统一的关键。

四、媒介形态维度下的报业品牌

媒介形态即媒介的生存状态，包括媒介的外部形态和作为内部结构的传播符号，生存依据、媒介的传播方式方法——包括受众接受媒介信息的形式和途径以及由此展示的媒介功能与特征。媒介的演变，基本遵循一条“共生——变化——增殖——生存——机遇——延时采用”的路径。

据美国报业协会的统计，从上世纪60年代到90年代初期，美国的日报发行量一直稳定在6000万份上下，但2008年则大幅度下跌至4860万份。此外，美国报业广告市场的比重十多年来持续下滑，报业欣欣向荣的景象已经荡然无存。

报纸在信息技术时代受到新媒体兴起的挑战，其品牌构建不能忽视与新媒体的共生。数字化时代需要报纸由传统纸质形态向网络数字化演进。首先，报业品牌可以建立传统媒体的网络版，实现传统媒体与新媒体的平台对接。据调查显示，18～24岁的美国年轻人阅读《纽约时报》

① 〔加〕达拉斯·斯麦兹:《传播:西方马克思主义的盲点》(Communications: Blind spot of Western Marxism)。

的比例只有2%，但在网络上阅读的比例却飙升至18%，这说明报业品牌的新媒体平台构建能够挖掘更多的潜在受众。其次，根据新媒体的特点探索新的盈利模式，如报业品牌可以对网络版设置付费墙。1997年1月，华尔街日报网设立付费墙，成为美国主流大报网站在内容收费方面的先驱，并在随后一年多的时间里赢得20多万订户，截至2012年秋季，其数字订户已有53.7万，其中约8万订户阅读的是平板电脑、智能手机或电子书阅读器上的版本，已经在新媒体上抢滩成功。再者，报业品牌可以并购新媒体，拓展新业务，实行跨媒体融合。如新闻集团默多克已经收购多家公司，旗下已经拥有30多个娱乐、游戏及社交网站。

第四节 “媒介化”、“数字化”变革与报业品牌构建

一、媒介化与数字化变革时代

人类正在步入一个真正的媒介化社会。从传统的大众传播媒体到日新月异的新技术媒体如网络、博客、手机、平板电脑、微博、微信等。媒介形式日趋多样化、媒介内容日趋丰富化、媒介影响愈加复杂化，让日常生活很难跟媒介割裂开来。

现代人终生生存于一个媒介化的世界，传媒无所不在，为我们“塑造”出一个“拟态世界”，它不是现实世界的一种再现，而是传媒通过对象征性事件或信息进行选择加工，重新结构化以后向我们展示的世界。媒介化是一个延伸（extension）、替代（substitution）、聚合（amalgamation）、接纳（accommodation）的过程，这个过程带来的是传播媒介和社会的变化。①

在这一媒介化的过程中，现今看来，“数字化”扮演了重要的角色。

① 童兵主编:《媒介化社会与当代中国》,复旦大学出版社,2011年版,第3页。

数字化技术，已经创造出并将会创造出更多的媒介形式。从媒介传播的角度而言，“数字化”作为媒介传播的一种新的技术的总称，事实上已经为整个的传媒业带来了革命性的变革。从人际传播时代到大众传播时代，再到现在的数字内容与权力受众的时代，媒介产业正在呈现出与以往完全不同的格局与形态。

包括报纸在内的整个的传媒产业，事实上已经处于了一个与以往不同的崭新的发展平台之上，进入到了新媒体发展的时代。全球化背景、数字化趋势，成为两个关键的传媒要素。新媒体的不断出现并快速成长，新旧媒体的互动与融合，以及由此带来的媒介运作方式的变革，将传统媒体既有的市场格局完全打乱，整个传媒市场以及整个传媒产业，面临着重新分割、重新洗牌、重新布局。

报纸作为最为传统的一种大众传播媒体，在其发展历史中，数字化革命之前的三次重大的媒介形态与发展模式的变革，都是由新的技术引起的。印刷技术、卫星传播技术和激光照排技术，以不同的方式改变了报纸和报业。而面对新的数字化传播时代，报业的变革已成为必然趋势。

二、变革时代的报业品牌构建

报纸在媒介化与数字化的时代，将不再仅限于一种纸质形态，而是将包括多种显示终端和传输介质；报社的角色也将由新闻发布者变成信息供应商；报业也不再是报纸产业，而是数字内容产业，产品形态和行业边界都将被重塑。

这样看来，作为信息供应商的报纸，在制作信息并将之传输于终端，并重塑产业形态的过程中，需要面对的是报业内部和外部的竞争——报业之间的竞争与报业和其他媒介形式的竞争。在这种复合竞争过程中，想要脱颖而出俘获受众的难度会越来越大。因而这就需要提升报业品牌的认识、忠诚以及对媒介品牌核心价值的认同，构建报业品牌来赢得受众的青睐。

报业间同质化的趋向、新媒介形式逐步蚕食报纸的市场，对报业品牌构建带来风险，这就需要报纸在媒介定位、发展方向、组织结构、管理手段、经营方式、盈利模式等方面，进行全方位的战略升级和产业再造，构建有区分度和有吸引力的报业品牌。具体可以从以下方面入手：

（一）改变传播流程以构建报业品牌

从目前看，报纸不但出版周期长，时效滞后，而且读者的参与性、互动性不强。借助先进的数字传播技术手段，新闻信息的生产则可以向现场发稿、滚动发稿的方式转变，打破原有的出版周期限制，改变以往记者采访后几小时甚至十几小时才发稿的做法，在第一时间向受众提供准确信息。现在很多报纸都通过网站、手机报对当日新闻进行追踪报道，或发布次日报纸新闻的提要，使读者及时获得最新信息。一些报纸还推出了“短信评报系统”，或在网上开设“博客”，收集读者的反馈信息或新闻报料等。这些都使得新闻传播的时效性、互动性大大增强，也使得新闻传播的流程方式较以前有了很大的改变。

在报纸发行方面，随着数字报纸的推出，一些报纸加入了“卫星报”销售系统；而随着电子杂志下载技术的成熟，下载人数也逐渐增多，下载速度也越来越快。这都预示着报刊的无纸化发行将成为一种趋势。将来，随着电子纸的普及，印刷、发行两个环节将被省去，这将为报业的生产流程带来革命性的变化。一方面将使占目前总成本75%的印刷、发行成本被削减；另一方面，使传播内容的原创能力和内容资源的集成配置能力成为传媒竞争的重点，这将使报纸在权威性、公信力上重新夺回自己的优势并巩固作为信息传播链和产业链上游的“内容提供商”地位。

改变传播流程，带来报纸发行形式的改变和报纸信息传播能力的提升，这为报纸提高接触率提供了可能，为报纸品牌的传达提供了动力。

（二）重组报业产品以构建报业品牌

数字技术使信息的传播渠道、传播载体和传播方式更加多元化，大大提高了媒体向受众提供产品的能力。新媒体的出现，给报业带来的不仅是挑战，更是机遇。凭借新媒体技术，报纸可进一步提高信息整合能力，将原来仅供报纸版面的新闻信息衍生为多种传播形态的内容产品，通过报纸、网站、手机、户外媒体、移动终端等多种介质发布，从单一产品向多媒体产品延伸，以不同的终端对各个细分市场进行更加细密的覆盖，实现信息的反复增值。

在打造丰富的传媒产品阵线的同时，借助于一个数字平台对传媒产品进行重组，就成为十分迫切的一项任务。在现有的报纸、杂志、新闻网站、手机报等传媒产品中，占据主流的仍是报纸，也就是说，新闻纸一直作为信息集散和处理的平台，先做报纸，再把报纸信息延伸到互联网上和手机报。报纸网站，从一开始仅被当作一个辅助产品，目的只是占领网上舆论阵地，延伸报纸影响力，并没有更多的商业化的目的。所以，尽管中国最早的报纸网站比新浪网建立还早一年，后来却被商业网站远远甩到后面，原因就在于拘泥于这一思维定势，携内容、人才、品牌优势而错失发展良机，而商业网站则致力于对信息资源的整合，建成强大的"门户"。从技术手段上讲，网络的信息处理功能更加强大，应当把网站建成一个信息收集、整理、加工、发布的平台，在这个平台之上，统一整合报纸和其它各种类型的媒体产品。

多元化、数字化的报业产品使得报业品牌的形象更加鲜活，也拓展了报纸信息传达的范围，使得报业影响力提升。影响力的提升，意味着报业品牌力的提升。

（三）创新商业模式

社会的发展，一方面分工越来越细，衍生出许多新的行业；另一方面技术的发展又冲破一些行业边界，促进产业不断融合升级。

传统媒体的产业边界和盈利模式相对固定。以报业为例，价值链主要是围绕报纸的出版—印刷—发行—广告几个环节展开，相应地，印刷收入、发行收入和广告收入构成了报业主营业务的三大块。而随着数字战略的推进，报业和传媒产业的价值链将会围绕内容生产与销售业务展开，将主要包括内容生产——内容发布——内容增值几个环节。从盈利模式看，一些传统的主营业务将逐步从新型产业链上弱化和脱离出去，如印刷、发行等。基于高度整合的数字内容平台基础，开发出的各种信息产品和增值服务，将占据报业收入的主体，成为新型产业链上的主要链条。与此同时，随着

“分众化”、“碎片化”的趋势，依靠综合性的扩版、扩大发行量来获得广告收入的粗放型经营模式必然被淘汰，报纸的营销理念也应由“二次销售”转为“N次销售”，即除了卖报纸、卖广告，还卖品牌、卖活动、卖创意、卖服务，实现由单一收入向多元收入结构的转变。

数字技术的发展，打破了传统的媒体和行业边界。过去由不同媒体提供的业务及服务，如今可由一种媒体提供；过去由一种媒体提供的业务及服务，如今可由不同媒体提供。平面媒体、广电媒体、音像、电信网络、互联网等产业互相渗透、交叉和重组，并且信息技术的每一步发展，都将会形成技术、业务和市场诸方面上扩大产业间融合的趋势。在这种情况下，媒体的产业链变得更加开放。可以想见，未来的新型产业链绝不是一个闭环结构，数字化的结果就是传统媒体平台、新媒体平台及电信运营商等不断融合、互动、一体化，产生更为可观的价值增量和更长的价值链。这对传统报业经营提出的挑战是，必须由内部管理型向外部交易型战略转变，即以媒体为平台，从更高层次吸收报业发展所需要的更多外部资源，形成链接不同媒体、不同行业、不同地域、不同市场、不同资本、不同发展要素的链状发展结构。

新的商业模式的创建，拓展了报业品牌的产业链，为报业品牌的延续带来了新的机遇。

（四）调整运行结构以构建报业品牌

报业运行主要包括新闻采编运行体系，管理体系，经营体系及技术支撑体系四部分。其中，新闻运行体系方面，包括：①基于新闻业务的部门——报纸采编、网络采编、博客群、BBS、论坛、网上直播、网上社区等；②基于数字娱乐的部门——电视、网络游戏等；③基于服务的部门——电信增值、分类信息等；④基于理财的部门——财经信息、二手房、二手车等等。

管理系统，主要行使战略管理与行政管理职能。随着报业的发展，以新媒介发展和新产业经营为主要方向的战略研究与制定，以及相应的战略实施，将会越来越重要，越来越成为决定竞争力的一个核心环节。

经营系统，是对数字报业产品进行经营。与传统经营报纸的平面产品不同，数字产品的经营将会具有超越以往经营方式的特点，更需要全面的、系统的、整合的营销理念。

技术支撑系统，是数字报业的基础性系统。数字报业需要更多的数字技术作为支撑，技术的先进性往往决定着数字报业所拥有的竞争力。因此，技术支撑系统是数字报业赖以正常运行的重要组成部分之一。

调整采编运行体系、管理体系、经营体系、技术支持体系四部分，使得各体系各司其职，能够提高信息采编效率，提升报业内部经营、管理能力，同时能够在数字化的基础上使各体系更加高效运转，这从报业内部优化了品牌竞争的能力。

第二章 价值链整合与报业品牌战略

第一节 报业价值链

价值链的概念是由美国哈佛商学院的迈克尔·波特 Michael E. Porter 于 1985 年在其所著的《竞争优势》一书中首先提出的。他认为:“每一个企业都是用来进行设计、生产、营销、交货等过程及对产品起辅助作用的各种相互分离的活动的集合。”[①] 任何企业的价值链都是由一系列相互联系的创造价值的活动构成,这些活动分布于从供应商的原材料获取到最终产品消费时的服务之间的每一个环节,这些环节相互关联并相互影响。在此基础上,波特提出了价值链分析方法,即对企业活动进行分解,通过考察这些活动本身及活动相互之间的关系来确定企业竞争优势。同时,波特指出企业价值链并不是孤立存在的,而存在于由供应商价值链、企业价值链、渠道价值链和买方价值链共同构成的价值链系统中。企业的价值链也是动态变化的,它反映了企业的历史、战略、实施战略的方式。

2005 年 1 月,喻国明、张小争出版《传媒竞争力——产业价值链案

① 〔美〕迈克尔·波特:《竞争优势》,陈小悦译,华夏出版社,1994 年版,第 4 页。

例与模式》一书，第一次将企业的价值链理论运用到传媒竞争分析框架中，提出传媒产业价值链是指我国传媒业未来的发展，有着一个巨大的经营重点的转型，即从过去个别的“点”式经营重点，进入到规模化的媒介集团的“结构”型经营重点的转型。产业价值链是以某项核心价值或技术为基础，以提供能满足消费者某种需求的效用系统为目的、具有相互衔接关系的资源优化配置和组合。① 就报业来讲，传统意义上报业增值的价值链是报纸内容的组合、报纸的印刷、报纸的发行、报纸的广告，经营方式是“单点式”，即围绕着内容生产将相关的中下游环节搭建起来。

但是这种经营模式至少存在两方面的问题：一是它对于资源（包括信息资源、客户资源、受众资源、品牌资源）的利用率是比较低的，开发层次较为浅表，类似于“广种薄收”的农业模式；二是“单点式”经营的开发存在着发展的限制，即单点式内容的开发具有某种饱和点，这是对进一步发展的约束。比如一张报纸，当其广告额达到5个亿，在不扩版的情况下，广告的刊登数量明显处于一种动态的饱和状态（而如果扩版又面临着利润降低的问题），进一步的产业增值很难靠加大广告吸引量的办法来实现。显然，中国报业已经进入到超出“单点式”经营、展开报业价值链重新构建的发展阶段

重新构建报业价值链的目的，是真正将价值链管理引入报业的经营之中。从目前来看，应用价值链管理可能为报社或报业集团带来以下的收益：

1. 及时、全面地洞察读者需求，满足读者个性化需求，保持报纸及相关集团产品的竞争力。

2. 及时跟踪、监测广告商和代理市场的行情，尽力满足广告商的合理需求，提升报纸在广告市场上的竞争力。

3. 提供有针对性的、更为有效的市场行销手段，最大限度地挖掘市场

---

① 喻国明、张小争:《传媒竞争力——产业价值链案例与模式》,华夏出版社2005年版。

潜力，增加企业收入。

4. 为读者，尤其是某些目标读者群提供个性化的服务，增强读者满意度和忠诚度。

5. 协调供需矛盾，缩短印刷时间，使自己的报纸始终能在最佳时间送达读者。

6. 建立电子化的集中采购平台，降低集团采购成本。

7. 加强发行渠道及其他集团产品销售渠道的协同和管理，有效回收资金，提高资金周转率。

8. 优化工程流程，降低工作量、提升工作效率、提高信息有效性。

9. 全面采集、分析采购、生产、经营、广告、发行等各环节所有信息，实现科学决策。

10. 控制营运成本，实现报业集团成本领先。

报业价值链的构建带来的收益，从报业内容、报业受众和报业渠道上提升了报业的竞争能力。这些价值链带来的收益，能够从报业内部和外部整体上提升报业的品牌形象。

现代报业的竞争实质是以提升报业价值链为主导的报业品牌竞争，报业价值链的建设模式也是现代媒介背景下报业品牌建设的模式。从报业内容、受众、渠道出发的报业价值链建设的三大战略——通过构建基于影响力的内容价值模式，实现品牌延伸，构建科学的品牌结构；通过构建基于竞争力的渠道价值模式，实现市场控制，构建品牌价值网络；通过构建基于整合力的营销价值模式，实现品牌资产增值。也正是报业品牌建设的三大战略。

第二节　构建基于影响力的内容价值模式

报纸内容决定着影响力，影响力决定着注意力，注意力又决定着经营力——这就是影响力视角下报纸内容的产业价值所在。

报业品牌影响力是核心影响力和外延影响力的综合反映，是影响力在更高层次上的提升和最集中体现。当前，消费者的品牌消费习惯正在形成，发行和广告资源形成向强势品牌媒体集中的趋势。实施品牌战略，打造品牌影响力成为影响力营造的关键点。媒体品牌是媒体理念、定位、内容、栏目、人才、技术和服务的综合反映。它是媒体的容貌与形体，是媒体的品格与气质，也是受众感情的寄托、个性的体现，甚至身份的象征。

打造报纸品牌影响力是一个系统工程，影响力的提升需要全方位的工作。其基础和核心是打造“全新闻竞争”的报纸内容制作模式。

一、全新闻模式

数字化背景下的新闻竞争，已不是单独的采编、加工、传播哪一个具体的环节的竞争，而是已演变为了“全新闻竞争”。所谓“全新闻竞争”，就是在“数字化”的媒介环境下，媒介实体进行新闻竞争以及依靠新闻打造影响力的方式，将不会像以前那样限于新闻的采集与发布，而会是嵌入在内容的采集、生成、发布、售后这一整套动态的水平式流程中，同时，还会表现为更多渠道、更多方式，是一种组合式的而不是单线式的竞争。

“全新闻竞争”对报纸内容提出的一个课题就是，从以往内容制作上的“单新闻”模式向“全新闻”模式转变。

“全新闻”模式，主要表现为三个方面：

（一）全媒体

全媒体指内容采集与生成技术在技术形态上具有多元性。这种多元性，将会给受众带来多元化的新闻阅读体验。为了打造这种多元性，目前国内已有多家报业集团或报社，在全媒体方面进行了探索。在技术配备方面，报社为一线记者配备高规格的数码相机和 DV 拍摄机、为大批后台编辑安装了可以处理音视频文件的软件。在产品的表现形态上，除了传统的图片、文字与静态图表等形态以外，音频、视频、flash、流媒体图表等新式播报形态纷纷出现。全媒体所带来的多位一体的模式，已成为报业在新的媒介格局下进行竞争的重要方式，也为报纸开始向内容供应商角色转变提供了重要的基础。

（二）全平台

全平台，是指内容发布在实施手段上呈现多样介质，体现出“一次采集、多次生成、多次发布、多元发布”的特点，通过细分受众群体与广布地理点位，在宏观和微观两大物理层面同步实现报纸内容的密集覆盖，增强内容的影响力，扩大内容的影响面。

从目前来看，国内许多报纸已实现了纸质报、官方网站、手机报、电子 E 报、户外公共新闻视屏等内容发布介质的多样化。

除了传统的纸质主报外，报纸的网站已成为报纸最具补充力的一个延伸平台，与纸质主报形成了良好的互动互补关系；手机报发展迅速，也已成为发布即时信息的一个巨大窗口；而新出现的“E 报”，作为集声音、图像、动画、视频、互动功能于一身的“数字报纸”，已不同于以往的报纸“PDF 网络版”，“E 报”在完全再现报纸原样的同时，不但能随时点击版面上的新闻进行详细阅读，还可以根据读者自己的阅读习惯，按照事先设置好的“目录”自行选择。

（三）全天候

全天候，是指报纸新闻信息及资讯的 24 小时无间断采集与发布，在传播的时间坐标中拒绝“断点”。目前，全天候已成为国内外报纸适应数字传播的新的特性，改造、完善报纸传播方式的一种重要观念。

在美国，著名的《华尔街日报》在 2005 年进行报纸改版时，就提出了一个重要的思路，即报纸新闻的 24 小时不间断。他们采用的方式，是报纸与其网站的无缝对接，通过报纸与网站实质性的互动，在报纸读者那里，产生了 24 小时报纸即时更新与新闻滚动的效果。①

① 刘明洋：《美国报纸解读：从新闻运作到产业扩张》，泰山出版社，2007 年版。

二、"重塑报纸产品链"

所谓产品链，特指从选题到见报的新闻生产作业过程。对于这个过程的运作和控制能力，将会根本上决定着报纸产品的影响力。从以往看，报纸产品链的特性是线条式的、单一的。这种产品链条，有两个重要的特性。一个是在新闻信息采集环节的"资源垄断性"，一个是在编辑环节的"组合独特性"，是以"编辑为中心"的结构。链条生产出的产品的价值及影响力，主要就取决于产品链条上两个核心环节的"垄断性"和"独特性"。

在数字化的背景下，报纸产品链的价值，已经不是更多地表现为独特性，而是表现为集约性、交互性、综合性。产品链形态已经从过去的"直线式"结构转变为了"交叉式"结构。

与传统报纸的产品链不同，数字报纸的产品链不再是以"编辑为中心"，而是以"平台为中心"。它体现着如下的特点：

（一）集约性

以前报纸的产品链条，往往只是将视野局限于报纸这单一的媒体，依照这个媒体的生产流程要求，来合理设置采、编、发等各环节。当前，随着所办媒体数量的增多，大批报社成为了报业集团。报业集团媒体结构发展的趋势是，媒体数量越来越多，种类也越来越多。从最早的单一报纸格局，到"报+刊"，再到"报+刊+网"，又到"报+刊+网+手机"，现在已发展到"报+刊+网+手机+N"的模式。"N"是一个不断放大着的变量。随着数字化传播技术的不断发展，作为信息接收终端的"N"会越来越大。

在报业集团这种新的媒介格局中，不同的媒体具有不同的产品特性，也需要不同的产品制作流程。如在时间上，报纸的基本生产周期是24小时，刊物的生产周期则会是一周、半月，或者是一月甚至更长时间。而网络媒体、手机媒体则需要即时性，产品生产周期越短，其产品价值就会表现得越大。面对不同媒体的不同的需求，如果各个媒体都像以前的报纸一样，采取一种与其他媒体无关的“一字型”产品生产方式，那么，在一个报业集团内部，就会出现若干条这样的“一字型”产品生产线。这样，就会造成集团内部新闻产品某些生产环节的重复。因为，尽管不同的媒体有不同特性，但在某些方面也有着共性的需求。新的产品链条，就是要将这种共性的产品制作需求，整合到集团的一个综合制作加工的平台上，实现集团内新闻产品生产的集约化。这样，一方面可以从整个集团的角度节省新闻采访制作成本，另一方面，也可以真正发挥出集团整体的人力资源优势，将分散的优势集中到一起，更好地将人力优势转化成产品优势。

（二）交互性

数字技术的发展正在引领传媒领域的深刻变革。报刊、广播、电视、网站的融合发展，是现代传媒的发展趋势。这种趋势，对于每一种单一媒体的生产和制作过程都在产生着影响。在这种情况下，无论报刊、广电、网络，其对于采编流程的设置，既要考虑本媒体的特点，也要考虑到其他媒体的相互作用。甚至，其他媒体已渗透到本媒体的生产过程中。这些新变化，都影响着采编流程的重新设定。“环”型的产品链条，体现的就是集团内各媒体独立产品链条的交互性。交互的中心，就是产品运营的综合平台。

（三）综合性

传统的报纸采编工作十分单一。在内容采集、内容生成、内容发布的三个核心环节上，记者、编辑及其它流程中的人员各司其职，而且责任都是相对单一的。比如，报纸的摄影记者只负责摄影，不需要研究太多文字的表达方式；比如，报纸的文字记者的采访内容，也只是某一个事件或活动中适合文字表达的素材，而不必关注其中可能的更好的图片表达方式。而今，由于新闻事件的复杂化、多元化，信息交流的全球化等因素的影响，从现场、到资料、到成文的整体过程，已经不仅仅是某一个记者所能完成的，有时需要一个团队的力量。同时，重大新闻事件的报道效果，又往往通过多媒体的呈现才能完成，这也就不是某一个单方面的记者（如摄影或文字记者）所能做到的，有时更需要“组合式团队”，或者是能够综合驾驭多种采访、报道、传播手段的记者来完成。新的产品链条，就体现了这样的一种需求。在新闻生产的全部环节上，都需要从单一到综合。全部节点的综合，就构成了整个产品生产流程的综合。

第三节 构建基于竞争力的渠道价值模式

在报业品牌的实现过程中，受众的注意力是一个关键要素。从过程论的角度看，包括两个核心的环节：一个是受众注意力的收集，另一个是受众注意力的售卖。以打造影响力为目标的内容制作模式，是实现这两个环节的第一步，但是，仅仅如此还不够。对于报业而言，渠道在收集受众注意力以及售卖受众注意力方面，都具有重要的不可或缺的价值。

渠道的价值在于，如果内容总体上是过量的，那其商业价值的实现就取决于“兑现”环节，即面向消费者的渠道。而内容的价值在于，如果渠道是过量的，那内容就会成为相对稀缺的资源，盈利的关键就变成了谁拥有更好的内容。

一、渠道建设的趋向：渠道链

数字化报业的实践过程，是用数字技术改造和装备传统报业的系统工程，其环节包括了“内容数字化、形态数字化、流程数字化、手段数字化”等多个组成部分。“内容数字化”是通过编码技术和计算机技术将报业新闻信息转换为用数字技术进行识别和处理的数字形式的内容，这是报业数字化的基本前提和重要基础。“形态数字化”是将报业数字内容表现为与数字技术相对应的数字文本、数字视频、数字语音、数字图片、数字动漫等现实形态。形态数字化是内容数字化的载体，是数字化内容的表现形式。“流程数字化”是用数字技术处理新闻信息的采集、编辑、排版、传输、发行、交互、阅读、存储、检索等全过程。流程数字化是数字报业的关键，是内容数字化与形态数字化的技术要求和必然结果。“手段数字化”是应用网络传输技术、数据存储技术、基础平台技术和移动终端技术等数字工具实现对报业信息的处理与管理。手段数字化是数字报业的技术标志，是内容、形态、流程数字化的装备支持。

基于以上的理解，从渠道建设的角度，报业需要依托数字传播技术，构筑新的“渠道链”。从目前来看，这个渠道链起码包括四个方面，即数字平台、网络平台、移动平台、户外固定平台。这四个方面的集中体现，就是综合数字化平台的建设。由于各种媒介有各自的传播优势和技术特点，报业不仅需要选择合适的媒介传播合适的内容，使内容传播的范围和影响力达到最优化；更需要在构筑每个平台时，围绕各个传播平台来打造内容增值链。

从报业以往的运行来看，报纸对于自身资源的认识并不到位，在资源的充分开发利用方面，更是存在着巨大的差距，不仅有观念方面的差距，也有载体、渠道方面的差距。一方面，内容产品虽然具有很好的资源背景，产品模式却十分单一，甚至出现大量的同质化制作的现象；另一方面，产品制作的过程多表现为静态化，时效性差。因此，搭建一个基于数字化技术和开展多媒体业务的综合内容生产平台，就是解决这些问题的首选方式。

这一平台，对外将具有资源吸引和价值释放功能，对内将具有行业信息采集、整理、分析、发布功能。依托这样一个平台，报纸在内容生产方面，可以从报纸以往单纯的平面报道转向全媒体报道，报道形式不但是文字、图片和图表，还包括音频、视频、flash、流媒体图表等；从固定出版、当日报道转向全天候报道、即时传播；从静态报道转向全景式报道，包括全景成像、超媒介、超链接、互动传播等。在产品模式方面，不再以单一介质的报纸作为核心产品，而是以多元化、多介质的形式产品、延伸产品与报纸互补。这些产品能集约高效利用报业的内容资源，实现多级多次开发和传播，实现信息增值。

作为一个可以承载各种内容产品的制作、生产、销售以及信息增值服务的信息资源库，综合内容生产平台的建设，将可以使报纸全面介入信息服务的过程，从内容供应商发展至信息增值服务商，由信息发布及内容产品营销平台，拓展到商务及服务交易平台，从而全面深入地介入商品和服务的交易过程，将媒体转化为交易中介商，将读者转化为消费者，为读者和客户创造更多的价值增值。这样，也就可以提升报纸内容生产能力，真正使得报纸的内容制作，成为产业价值链中不可或缺的重要环节。

二、渠道建设的原则

从报业发展的现实需求及未来趋势来看，报业数字化平台的建设，既应着眼于现实应用，也应当着眼于未来发展，特别是要突出新的媒介环境下包括报业在内的整个传媒产业的发展。大体来说，需要把握好6个方面的原则：

（一）体现“内容产业”的特性

从内容产业的视角来认识报业，那报业就不是报纸的产业，而应该是报道内容的产业。因此，作为报业集团，在构建内容渠道、搭建综合数字化平台时，就需要把报纸当作内容产业的一个具体实现介质，着眼于以平台建设突破多终端、多媒体的发展瓶颈。

（二）体现“增值服务”的需求

一方面，纸质报纸需要借助新媒体技术和功能优势，使报纸的内容和形态都实现增值；另一方面，以平台为依托，让互联网、手机、电子阅读器等新媒体能够借助纸质报纸品牌影响力，借助报纸传统受众所形成的阅读习惯，以及在此基础上形成的品牌忠诚度，实现数字报业范围内新的媒体形态的增值。

（三）体现“互动性”

互联网等新媒体最核心的本质之一是互动，而“互动”恰恰正是体现当代传媒运作、影响未来传媒发展的一个关键“节点”。报业集团在搭建数字化平台时，就要认识到自身与新媒体和其他传统媒体在互动性方面存在的差距，借助数字化发展强化互动性。这种互动包括两个方面，一个方面是报纸和受众之间的互动，另一方面是报业和新媒体之间的互动融合。在数字化的平台上，这两种互动都需要得到很好的体现。

（四）体现“多终端”

报业的发展，正面临着纸质报纸受众分流及市场分流的态势。这一态势体现在信息传播的过程之中，就是多终端接受载体的出现。报纸要在发挥传统受众影响力优势的同时，继续抓住可能分流的受众、占有可能分流的市场，就要借助新的数字化平台，大力拓展互联网、移动手机、户外显示器等多种新介质，力争将生产的内容传送给更多的承载主体。

（五）体现“多媒体”

现代报业的新闻及信息构成模式，已不再是单纯的文字和图片的组合，其构成要素变得更加多样化。借助数字化的综合平台建设，报纸需要向多媒体功能的拓展。在新的平台上，报纸可以利用集线性传播、非线性传播于一体的优势，融文字、图片、音频、视频等于一体，调动各种媒体的形式和手段，实现全方位新闻信息传播，通过组合达到最好的传播效果。

（六）体现“移动性”

在数字报业的背景下，新介质报纸可以实现每天多次“出版”、滚动“出版”，进而实现对新闻信息资源的多次反复使用。在反复使用过程中，不同的介质形态将会给予受众不同的接受方式。借助于数字化综合平台，报纸可以通过有线下载、无线发布等方式，让受众不必再局限于传统的阅读方式，而是可以选择在线阅读、离线阅读、移动阅读等不同方式，在移动使用中让“报纸”的魅力得到更有效的发挥。

在上述6个原则的基础上，具体的实施过程中，还要充分考虑渠道的性能。包括渠道能否提供全面的服务，渠道是否具有唯一性，渠道在相关领域里是否具有领先性，渠道对于受众是否具有强制性的传播功能，等等。这就需要在渠道建设之前，进行充分的渠道分析，在分析的基础上预测和精确渠道价值，并在实施过程中避免可能出现的渠道冲突。

第四节　构建基于整合力的营销价值模式

一、报业品牌进入“整合时代”

整合营销传播是一种战略性经营流程，用于长期规划、发展、执行并用于评估那些协调一致的、可衡量的、有说服力的品牌传播计划，是以消费者、客户、潜在客户和其他相关目标群体为受众的。[①] 自 20 世纪 90 年代，随着整合营销传播理论在企业界的实施，西方的媒体企业也实施了他们的整合战略。从实践看，媒介企业的整合战略主要考虑了以下几点：

第一，生产流程。如经营部门和采编部门之间的统筹和协调，采编部门之间的统筹和协调，在媒介集团内部还有各媒介之间的统筹和协调，都需要在流程设置上进行周密的筹划部署、监管控制。

第二，资源。媒体资源包括的内容十分丰富，有环境资源（地区、文化、制度等）、内部资源（载体、人才、设备、资金等）、信息资源、受众资源、广告资源等。这些资源相互联系，相互转化。对这些资源的充分开发配置是传媒集团发挥跨媒体优势的重要实施步骤，不仅以做好单个媒介产品为目标，还要求各媒介之间资源共享，建立最佳产品链。

第三，理念。媒体整合的理念主要有信息传播和媒介营销两类。前者涉及对新闻报道专业立场和规律的认识，后者涉及对媒介经济规律的认识。在媒介生产过程中，新闻采编与广告经营必须严格分开，但在媒介定位和设计上，两类理念必须整合在一起。

第四，机构。媒介可以通过机构的合理设置，有效地促进媒介资源的开发配置。目前一些媒介因人设岗、部门功能重叠的问题实际上导致了机构臃肿、政出多门、责任不清等各种后果，严重损害媒介工作的效率和产

① 〔美〕唐·舒尔茨等:《整合营销传播》,何西军等译,中国财政经济出版社,2007 年版,第 16 页。

品质量。由于媒介企业属于创造性行业，行政机构是关键的协调部门，但不宜过于琐碎。[1]

报业的发展，正处于数字化所带来的新的媒介环境下。报纸的品牌营销，已经进入到了整合营销的新阶段。

（一）从占有资源到整合资源

整合营销，从最根本的角度说，就是对报业价值链的整合。通过整合报业价值链，将报纸产业价值系统内看似分离的各项活动加以统筹规划，实现优化与协调，从而增强媒体创造和保持竞争优势的能力。从整合的路径来看，要通过整合完成报业价值链的新的建构并保持良好运行，需要经过三个层面的整合：即内部资源的整合，横向和纵向规模整合，以及整体盘活价值链。“整体盘活价值链是整合的高级形式，在这个阶段被整合的不仅是作为媒介的媒介资源，而是作为以媒介为主体的多产业经济复合体的经济资源”。[2] 对于集团来说，就是媒介集团内部及不同的媒介产品之间横向一体化、纵向一体化、集团化和全球化的结果交织在一起，摆脱单纯的规模经济，形成媒介集团的结构竞争优势。

所以，报业整合营销的重点，是资源的整合，目标是实现资源的有效利用，提升报业的全面经营能力，实现在传统基础上的增值。

报纸作为一种大众媒介，报业作为传媒经济领域的一个门类，报业的资源，主要是传播资源。对于一家具体的报社或报业集团来说，它所占有的传播资源的数量和质量，将会是影响媒体竞争力的重要方面。

从具体化的角度看，报业的资源又可包括版面资源、受众资源、广告资源、社会网络资源和长期积累的品牌公信力资源等等。从营销的角度说，资源是实现基础性发展的前提。但是，对资源的占有并不是报业发展的全部，更为重要的是，增强对资源的全面认识，通过整合，让资源转化为效益。

---

① 曾华国：《媒体的扩张》，南方日报出版社2004年版，第132页。

② 王晓璐：《推动传媒的价值提升》，《新闻知识》，2006年第2期，第76页。

（二）从规模经济到范围经济

资源整合的方式主要是横向整合和纵向整合两种。从整合的目的来看，横向整合主要是就媒体的内容而言的，是内容方式的拓展，是同一内容资源的多次利用，是同一内容的多介质化，达到的是一种规模效果，其主要表现就是规模经济。而纵向整合，则主要是对渠道的整合，也就是对内容产品的上下游、对整个的产品链条进行整合。其主要表现是范围经济。通过纵向整合，传媒集团将原材料供应、销售渠道、资本运营等价值行为整合成一条完整的产业链，降低集团内部的交易成本，产业链上的多种赢利模式也降低了行业经营风险。

对报纸而言，这两个方面的整合都需要去做。对报纸战略资源整合，必然涉及到报纸盈利模式上的两大突破：一是突破传统媒体发行传输的局限性，在“它介质”形态中求得自己的延伸发展。利用品牌和内容资源库优势，以数字化内容介入不同传播介质形式进行社会表达，使媒介内容有效覆盖本地发行和纸质发行不曾到达的人群，来让自己内容价值和影响力价值充分实现；二是利用自身的品牌和渠道优势向“它行业”进入和延伸，行业广告资源开发与自身媒介品牌推广互为动力。对于传媒企业来说，通过多元化经营可以最大限度的利用市场机会，获取最大利润；可以充分合理地利用媒介组织的资源能力，发挥媒体的能力优势；分散媒体经营风险，保持媒体取得稳定收益；实现媒体持续成长，摆脱单一产品市场的有限性对媒体发展的影响；增强媒介竞争力。

（三）从粗放经营到集约经营

我国现在多数的报业集团或报社内部经营方式还处在粗放型增长的阶段，报业竞争的直接表现为“血刃战”，如：降低报纸价格、发放赠品、广告折价等等，而不是整合内部资源，寻找自身的核心优势，寻找差异经营。差异经营，实际是经营模式的创新。集中在三个相互关联的层面：

一是价值链的重构。办报——印刷——发行——广告构成了传统报业价值链的主要环节，而新型的媒体价值链应当围绕内容生产—内容发布—

内容增值几个环节展开，其中每个环节都包含了很多盈利点。随着报业向数字出版形态的转换，一些传统的主营业务将逐步从报业产业链上弱化和脱离出去，如印刷、发行等。而基于高度整合的数字内容平台开发的各种内容产品和增值服务将占据收入的主体，成为新型产业链上的主要链条。

二是增长方式的转变。传统上，依靠扩版、扩大发行量来获得广告收入的粗放型经营模式越来越难适应传媒业的发展，必须由依靠投资驱动的资源消耗型增长，向依靠创意、技术带动的内容创新型增长转变，报纸的营销理念也应当由“二次销售”转为“N 次销售”，实现由单一收入来源向多元收入结构的转变。

三是产业结构的升级。比如，2006 年，电信运营商集体由基础网络运营商向综合信息服务提供商转型：中国移动重金收购凤凰卫视 19.9% 股份；中国联通计划通过“TIME”计划，成为以电信服务、信息服务、传媒、娱乐四大内容为主的内容整合商。在计算机与网络技术推动下，传统的媒体和行业边界逐渐被打破，并且信息技术的每一步发展，都在技术、业务和市场上扩大产业间融合的趋势，推动产业结构的升级。

可见，以整合资源为指导思想，促进报业的经营方式由粗放型向集约型转变，是未来一段时间内报业的重要任务。

二、内容资源的整合

在报纸全部的资源中，内容资源是其最重要、也是最核心的资源。在多媒体竞争的格局下，报纸的竞争力、进而推延至报业的竞争力，关键所在就是报纸的内容优势。

（一）从内容制作到内容供应

以往的报纸内容制作，都是为自己的报纸服务的。“自我服务”是内容的唯一出品。整合内容资源，需要实现从内容制作向内容供应的转变。

所谓综合供应商模式，是对报纸内容制作的一种形象性描述。这种模式的着力点在于对报纸内容资源的全面认知，以及在此基础上的多层次、多角度的深度开发。

1. 媒体为媒体服务

媒体具有不同的层次，分布于不同的区域，有着不同的新闻制作能力——所有这些，提供了一个现实的内容供应的市场，那就是媒体为媒体服务市场。在美国，这样的市场已经十分完善，其表现就是从综合到专业的各类内容供应商，也就是所说的“辛迪加”。

在美国，除了少数较大的都市报外，其他报纸刊登的新闻大多不是自己采集的。大部分全国性和国际性的新闻，是直接由新闻服务公司提供的，很多报纸只是对这些新闻作一点小小的改动。比如，改写开头几段或者加上一点从地方角度出发的看法等等。这样的需求，也就催生出了众多的、各色各样的“辛迪加”。从服务内容上看，这些辛迪加公司大体主要包括新闻提供和专栏、专版及有关文章的提供。

2. 媒体为客户服务

主要是对信息进行深度加工，为不同的客户提供他们所需要的信息。

案例2-1：“第一财经研究院”①

“第一财经研究院”由上海第一财经日报建立，成立于2007年7月，主要目的是依托媒体的品牌优势和专业研究人员，就市场上紧迫、急需的课题，有针对性地进行研究。研究院的产品包括财经资讯以及宏观、行业研究报告，依据企业需求的个性化信息、调查、咨询产品定制等。如为国家电网做的电网市场的研究报告。

研究院是第一财经的核心“脑库”，以其专业的研究能力，为第一财经跨媒体平台提供权威的政策研判和市场数据；并向市场提供其自主研发的财经资讯产品，包括财经信息加工、行业研究与数据库、咨询服务、各类指数与榜单等四类核心业务。研究院是第一财经未来发展的孵化器。第一财经研究院推出了以向企业高层管理者提供决策支持为主要功能，以“内参版”、“金融版”、“证券版”、“行业版”四大模块组合而成的“第一财经高层决策参考系统”；在数据库业务方面，开发了中国内地首个《商

① 资料来源：http://baike.baidu.com/view/5096147.htm2013年2月19日。

业银行理财产品数据库》，首个《阳光私募基金数据库》，以及《上市商业银行竞争力数据库》等；在第一财经“CSR 企业社会责任榜”和“金融价值榜”等大型评选活动中，也承担了独立评审机构的工作。

（二）从大众传播到分众传播

在传播内容的原创能力方面，由于外部资源的社会共享程度日益提升，独家资源、独家素材变得越来越稀缺，很难成为一家媒介常规性的核心竞争力的支撑点。因此，如何依靠自己的内容资源，将外部共享的素材资源给予文化选择的附加价值就成了未来竞争的重点。

附加价值的一个重要体现，就是从大众式的传播向小众式的传播转化，提供具有个性化、独特性的新闻产品。

1. 增强产品与服务的“重合度”

媒介经济学对媒介结构分析中有一个重要的观点，就是媒介产品与服务的“消费性市场”和“广告市场”这两者之间存在着现实的“分界”。

这种分界，反映着媒介产品的主导盈利模式，也就是二次盈利模式。传媒将信息产品销售到尽量多的受众那里，再将受众连同由此产生的最大限度的注意力和影响力卖给广告主以获得最大的利益回报。这是传媒产品的特性，产品与服务的消费者是不同的人，产品的消费者为受众，受众消费的是产品内容。服务的消费者为广告主，广告主消费的却不是产品内容，而是被产品内容俘获的受众。在这一循环中，受众既是传媒内容的消费者，也成为传媒产品的一部分，被广告主所消费。

除“二次销售”的主导模式外，在传媒市场上，我们还可以发现另外单一化的盈利模式。一种是单一广告模式，一种是单一产品模式。单一广告模式是只出售广告资源，产品是免费提供的，如免费报纸和电视节目的收看，传媒收益完全依靠广告。但这只是表面现象，实际上受众在接受此类产品时，是有花费的，它付出了一种更稀缺的资源，就是时间、注意力和影响力。媒体就是通过受众时间来获取广告收入。

另一种是只出售内容产品，就实现了利润，如我国的体坛周报、日本的读卖新闻、朝日新闻在一次销售中就盈利了。看来它的经营活动就完成了。如果到此为止，从传媒特性讲受众时间还没有得到应有的重视，由此形成的巨大影响力所带来的巨大经济潜力，就有可能被浪费掉，这是对传媒特殊盈利模式的浅视。事实是，读卖新闻、朝日新闻并没有停止在一次销售上，其收益的更大部分还是来自于第二次销售。体坛周报虽然在广告经营上无大建树，却用另外的方式把受众时间这一资源转化成了企业的另外一种资本——与境外内容提供商合作，靠品牌获益。一分析就会明白，这两种盈利模式都能被二次销售模式所解释和覆盖。

2. 以“定向内容”培植“定向市场”

在报纸内容的选择上，很大部分是对既有受众群体阅读需求的满足；与此同时，关注潜在受众的潜在需求，也是应当确立的另一个培植市场的内容策略，我们称之为前瞻式内容开发策略。这一策略的核心点是，在充分调查、论证、分析、预测的基础上，了解和把握潜在的受众阅读需求，以先期的有针对性的内容制作，导引这部分潜在的受众群体，尽快形成对内容的认知度和接受度，在此基础上，形成不同于以往群体的一个新的受众群体，进而形成一个新的受众市场群，拓展报纸的发展空间。这与碎片化的市场分割的需要是一致的。

前瞻式内容的开发，通常可以采用两种方式。一种是立足于报纸，在现有报纸的基础上推出相应的新的栏目或板块；二是从报纸出发，以采编力量为基础，开发推出新的、相对独立于原有报纸的内容产品。

3. 内容订制：满足个性化需求

内容订制，是基于企业经营的一个概念。在新的环境下，内容订制也是报业适应新形势下受众变化趋势的一种可行性的选择。

自上世纪 80 年代以来，随着传播技术的发展，“碎片化”在近些年成了日渐响亮的媒体概念及各类媒介关注的热门话题。“碎片化”实际上体现的是媒介受众细分（也就是媒介消费者的细分）而带来的媒介小众化的趋势。其中，最为明显的一个特点就是，传播媒介所传播的信息内容和传播对象，越来越特定化、对象化、个性化。在这样的背景下，作为传统媒介的报纸，也面临着一个如何适应个性化的信息接收、异质化的信息消费的问题。解决的方案之一，就是进行内容的定制。

内容定制，实际上就是将报纸所掌握的大量的内容资源打散，然后进行重新组合，将以前的“巨内容”分割为“微内容”，定向加工处理，定向分送发布。内容的定制需要解决两个问题，一是如何了解受众对定制内容的需求，二是如何将受众定制的内容发送传达到受众那里。这就需要一个平台。报纸借助于自己的网络，就可以较为有效地实现内容定制的目标。

（三）从产品单一到产品多元

在多媒体竞争的格局下，媒体内容竞争的重点已经由独家的素材、独家的新闻、独家的资源的竞争转变为独家的选择、独家的制作、独家的组合、独家的视角、独家的观点等等的竞争。当外部的事实性素材的社会共享程度很高时，事实报道的准确、客观、迅速、全面、平衡就会成为传播工作的一种常规，传媒在这一层面的价值表现会越来越平均化、社会化；而价值判断则关系文化选择，多元文化造就了多元化的价值选择，文化选择的多样性、深刻性则在考验着媒介的竞争能力，也为报纸产品的多元化提供了现实的需求平台。

1. 同一市场上的“多平台战略”

功能面对着受众分化、需求多样化的状况，美国的许多报纸、特别是一些地方性的报纸，采用了在自己的覆盖区域实行多平台发展的策略。从以往单平台战略向多平台战略的转移，相对来说，制作成本低，而且它还可以利用报纸已有的广告资源。因而这个战略，也被看作是报纸应对区域竞争战略的一种延伸，也是实现多样化的新闻媒介竞合共存的一条差异竞争的路子。

所谓多平台战略，就是在出版主报的同时，出版若干份主报的衍生产品，在一个相同的区域内，达到对于市场占有的高密度；主报与相关的子产品一起，共同构成报纸内容的多个平台。

2. 开发“协力产品族群”

资源整合的一个重要目的和效果，就是能在一个媒介机构里面，形成协力优势。协力优势的观念是指分开的实体一起工作所取得的成绩是任何单一实体都无法实现的。因此，协力优势的最大化就是利用多媒体的资产通过不同方面来发展和促销一个单一项目。借此，媒体集团才能通过旗下不同的媒介公司不断扩大它们的利润。

协力优势的第一个方面包括为不同的媒体开发和包装一个单独理念。如，一本儿童故事就可能被包装为漫画书、电影、唱片、电视和电脑游戏——每一部分都会为其它部分增加声誉。通过如此运作，媒体集团就可以占据不同收入来源的优势，从而通过单个理念获取足够的利润。这样的理念有时会影响到新闻制作，因为某种程度上，新闻变成了能够被公司其它部门重新包装和利用、以获取多次利润的“内容”。

3. 走向“它介质”

报纸内容形态的多元化，还有一个体现，就是报纸与其它媒介形态的融合，在融合的基础上，形成全新的媒介形态，从而将内容资源的价值实现得更加充分。

三、受众资源的整合

（一）受众的“注意力”价值

传播的角度对传媒的经济特性进行了解析，传媒经济是一种注意力经济。所谓注意力经济，是指以注意力资源的生产和分配为基础，所形成的经济关系以及商业模式。注意力经济营造了一种新的商业环境和商业关系，它改变了市场的观念以及市场的价值分配。最明显的表现，就是我们进入一个品牌经济时代。在这样的环境下，商家更加注重公众的注意力和长期顾客的维持（注意力的保持），关系营销、事件营销、品牌教育等新概念被引进。这种新的商业模式使得企业越来越注重客户价值，管理的内涵日益外部化，媒介的风险日趋突现。

按照传播营销管理的理论，从营销和价值的角度说，在数字化的背景下，报纸的受众除了具有“注意力”的价值之外，其本身参与着更大范围的价值创造。主要体现在两个方面：

一是受众参与产品制作。在互动性的条件下，许多新闻产品的信息采集、加工制作、传播发布、生产效果的过程，是由媒介机构与媒介受众共同完成的。二是受众参与产品销售。在以往的营销中，市场价值是由营销人员掌握的。传统广告的重点在于替每个品牌推出独一无二的销售定位或“内在吸引力”，而这一点则是以一个假设为前提的，即商品与商品价值掌握在营销人员的手上。在互动的环境下，主导权正快速从营销人员的手中消失。在这个由因特网、手机及无线通讯、即时通讯以及其他技术进步所推动的新市场中，处于有利地位的是客户。随之的变化，就是把批量生产变成个性化生产，出现品牌个性化。

可见，无论是产品的制作，还是产品市场的形成，受众都是重要的组成部分。所以，对报纸来说，从控制生产链到控制需求链，才能真正做到控制整体价值链。

（二）从增量到增值：放大受众的资源价值

1. 发现受众价值

整合营销服务也是商业模式和盈利方式重构的一种尝试。台湾东森集团提出的“4C”（即媒体内容 Content、网络与通信 Communication、顾客资源整合社群 Community、电子商务 E-Commerce）媒体概念，就是一种完全超越了单一性的以内容资源开发求取利润的传统模式，而对所有资源进行全面整合的真正意义上的多维盈利模式。要做到这一步，首先就要努力去发现受众的价值。

对于报业来说，考虑、发现受众价值，需要使用两个概念，一个是真实价值，一个是潜在价值。真实价值是指在给定的条件下对客户所知，或者假定在竞争环境中没有重大改变的情况下，预测客户未来的行动，而得出的客户作为一种资产对于企业的价值。潜在价值是指，如果我们能够采用一种清晰的战略，通过某种方式改变客户的行为之后，客户所能够为企业带来的全部价值。

2. “长尾效应”

以互联网为代表的新兴媒体营销对报纸的冲击，不仅仅体现在技术层面，也凸显了商业模式的转型。2004 年 9 月美国《连线》杂志的主编

ChrisAnderson（查理斯·艾德森）提出了“长尾理论”（The Long Tail）。[①]

新媒体的“长尾模式”给报纸带来了巨大的冲击，一方面是分类信息等广告投放下降明显，另一方面读者规模也有所萎缩。在这样的情况下，报纸必须从早期注重量的扩张转向对于读者价值的“精耕细作”，提高现有读者规模的增加值。

“长尾理论”不适用于传统报纸发行模式，长尾所产生的利润源自于足够多的小需求，其生效条件是满足这些小需求不会消耗成本。因为传统报纸发行量模式巨大的成本消耗，针对这些小需求耗费大量市场和销售成本的话，报社根本无法支撑。但“长尾理论”可适用于新形态报纸的发行模式。如手机报，发行成本几可忽略，足可以支撑起巨大的发行量，而不必耗费巨额的发行成本。在这种情况下的报纸发行利润来源就表现出“长尾”的特点。

报纸的数字化意味着商业模式上也要借鉴长尾模式的优点，将传统的大客户与新媒体的“长尾模式”结合起来，实现“抓大不放小”，提高对读者和广告客户的深度开发。也就是说，从增量向增值转移。

3. 塑造受众“价值流”

一些公司认为他们无法为其终端用户提供产品以外的服务以吸引他们来建立关系。生产单一产品的公司就处于这样的境地。比如传统的报纸营销模式，就是一种单一型产品的营销模式。这种模式的一个受众策略，就是在报纸的销售背后，创造出新的价值流。

选择策略包括两个：一是为所要销售的商品找到另外一个客户，然后再一个接一个地寻找下去，以产生越来越大的交易；二是找到所能提供的相关产品和服务流，从已得到的每个客户那里得到更大的客户份额。

三、社会资源的整合

掌握话语权的媒体是现代社会的核心枢纽，被称作“第四权力”，这

① 赵曙光:《“长尾模式”下的报纸发行存量增值开发》,《新闻记者》2007 年第 1 期。

种特殊的地位，决定了媒体在发展中有较大的优势去整合外部资源，包括社会资源和产业资源。前者，媒体可以和政府、专业机构有更多的合作机会；后者，一是可以在传媒产业的范畴内，通过和其他媒介的合作，实现整合，或者跨出传媒的疆界，与信息产业、电信业、文化产业乃至旅游业、地产业等等，开展跨界合作。这些方面，正在成为传媒业壮大实力、提升品牌的重要方式。

总之，报业价值链的构建是提升报业品牌形象的主要手段，通过构建基于影响力的内容价值模式，开创“全新闻模式”，重塑了报业的产品链，实现品牌延伸，构建科学的品牌结构；通过构建基于竞争力的渠道价值模式，构筑报业渠道链，实现市场控制，进一步形成报业品牌价值网络；通过构建基于整合力的营销价值模式，通过对内容资源的整合，完成从内容制作到内容供应、从大众传播到分众传播、从产品单一到产品多元的转变，通过整合受众资源，发掘受众的价值，实现品牌资产增值。在报业价值链的构建过程中，以三大策略统领，完成报业品牌的运营。

第三章 核心价值与报业品牌定位

本章讨论报业品牌的核心价值及报业品牌的定位，研究报业品牌定位的基本路径及策略，适应报业特性，重点研究报业核心价值理念对报业品牌定位的统辖作用。品牌定位是建立（或重新塑造）一个与目标市场有关的品牌形象的过程与结果。[①] 没有定位，报业品牌就找不到目标消费者，也无法令其对品牌形成清晰的认识，品牌价值就无从提升。而核心价值是报业品牌定位系统的中心，因此作为重要的研究对象。

第一节 报业品牌核心价值

一、品牌核心价值的定义

翁向东在《本土品牌战略》中说："核心价值是品牌的终极追求，是一个品牌营销传播活动的原点，即企业的一切价值活动（直接展现在消费者面前的是营销传播活动）都要围绕品牌核心价值而展开，是对品牌核心价值的体现与演绎，并丰满和强化品牌核心价值。"对于报业而言，品牌的

① 何佳讯:《品牌形象策划:透视品牌经营》,复旦大学出版社,2000 年版,第 285 页。

核心价值就是其旗下的报纸自我标榜并呈现给读者的中心印象，它对于报业品牌定位具有统辖作用。

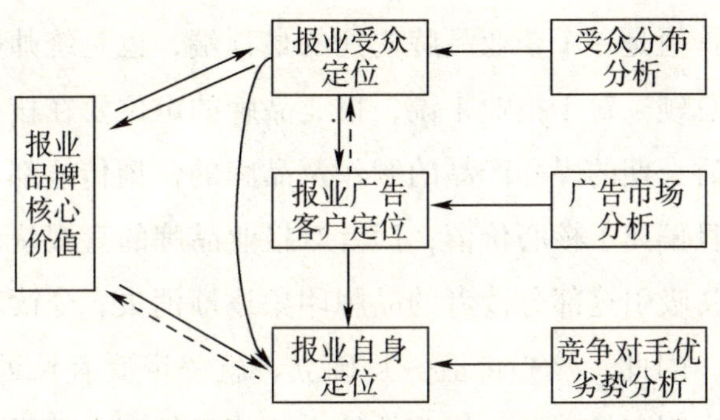

图 3－1 核心价值与品牌定位关系模

二、报业核心价值的确立原则

（一）单一诉求

核心价值指的是品牌特点中最核心的部分，是带给读者的最直观、最深刻的印象，最好是单一的价值诉求。这里的单一以“简单明快”为上佳，或者集中于一个角度，或功能、或品质、或个性等等。单一诉求带来的是明显的差异化，如果一个核心价值集真实、迅速、贴近、新锐等元素于一身，不但在操作层面上难以实现，更会令读者无法形成对报业品牌的直观认识——因为特点多了也就等同于没有特点。报业品牌必须把自身同行业内竞争对手差异最大的那一部分优势提炼出来，直白地告诉读者，才能让读者耳目一新。在“注意力经济”的理论指导下，这是报业品牌吸引读者的第一步。东方早报的“影响力至上”理念是一个成功的案例，它的传播效果是当人们提及“东方早报”或者“影响力至上”的其中之一时会自然地联想到另一方，这就给读者带来了深刻的印象。

（二）考虑受众的利益

品牌核心价值不同于企业文化的价值观，前者是给消费者看的，而后者是针对企业内部员工的。报业在确立品牌核心价值的时候，一定要注意读者的需求。在核心价值的陈述中，要避免“团结”、“勤奋”这样与读者没有直接关系的字眼。读者关心的是，报业品牌的核心价值是否说明了能给他们带来什么样的消费体验。

（三）有前瞻性

品牌核心价值是一个企业品牌构建的最顶端，也是统帅企业的一切营销传播活动的总领。对于报业来说，报业品牌的定位要在核心价值的统辖下进行，而之后长期的媒介产品的制作及品牌的营销传播都不能离开核心价值。因为一旦偏离了核心价值，读者对报业品牌的直观认识就会发生变化，从而使最初吸引这部分读者的品牌印象逐渐消失，令读者产生对品牌认识上的矛盾。因此，核心价值一旦确立，就一定要有长远性和前瞻性。在媒介形态产生剧变的今天，报业的核心价值必须配合报纸这种媒介形态的优势。以前的报业品牌尚可以“第一时间”、“多元观点”这样类似的形式作为核心价值，在这个新媒体横行的时代显然这条路已经走不通了。

（四）有容错率

核心价值固然要旗帜鲜明，以使自己的品牌同竞争对手形成明显差异。但同时，核心价值的陈述也要为品牌自身留有回旋的余地，也即一定的容错率。我国媒介生存环境的特殊性，决定了报业时时刻刻面临相当的政策风险。我国政府的“左右”摇摆，新政策、新法令的出台，都有可能扼杀报业对某一事件或某一领域的报道空间。从这个角度讲，报业品牌在陈述核心价值时，要尽量不体现出自己的政治倾向，规避可能的政策风险。另一方面，核心价值所阐述的理念要易于践行，因为核心价值的后面是长期的整合传播，来加深读者对品牌的印象和忠诚。

三、确立核心价值的四个角度

（一）从功能的角度

在这个层面上强调核心价值主要是为了获得报业媒介产品的使用价值，是报纸品牌体验的最初层面。没有对报业产品的体验，也就谈不上对报业品牌的体验。然而，我国各类综合类报纸的功能大同小异，无非是获得最新信息、反映和引导社会舆论、传播知识和文化、提供娱乐等。要想在这一层面上有所创新已经十分困难。

上个世纪80年代在美国兴起的“公共新闻学”，致力于提高社会公众在获得新闻信息的基础上的行动能力，关注公众之间对话和交流的质量，帮助人们积极地寻求解决问题的途径，告诉社会公众如何去应对社会问题，而不仅仅是让他们去阅读或观看这些问题。虽然他们的实践不太成功，大多仅仅停留在社区报的阶段，但不失为我国的地方小型报纸提供了借鉴——不妨利用小范围内易于操作的优势，以提高公众参与度这一功能为报纸的核心价值理念。

（二）从品质的角度

报业媒介产品的品质不外乎“快、新、准、高、广、深”。“快”是时效快，“新”是观点新，“准”是信息准，“高”是视角高，“广”是范围广，“深”是解读深。从媒介特点上看，“快”、“广”和“新”都不是报纸的优势。虽然许多地区的晚报已经改成了早上发行，但还是远远比不上互联网的传播速度，报纸已经不再是人们获取最新信息的渠道了。而新闻的广度上，纸媒也不及电子媒体优势大。从观点新上来说，如今自媒体的盛行令受众接触新观点的能力大大增加，报纸也难于匹敌。相对地，报业可以从“准、高、深”三个方面下手。新媒体上的虚假信息过多，令以报纸为代表的传统媒体可以追求信息的绝对准确为核心价值；报业与政府关系的天然优势，可以让报纸站在一个高度上来评论正在发生的事实；报纸的阅读方式和易于收藏的特点则令报业品牌以追求深度为核心价值变得可行。

（三）从情感的角度

以上两种确立报业品牌核心价值的角度都是诉诸理性，让读者在阅读报纸的内容产品之后，通过自身理性来判断该品牌的功能和品质是否如期所述。而从情感的角度则上升到感性层面。邹韬奋曾经说过，报刊要成为读者的好朋友，就是指报业品牌要走进读者的感性世界。报刊作为一种高度凝聚文化内涵和人文关怀的媒介产品，感性认同比理性认同更容易培养读者的忠诚度，也就更容易形成稳定点核心受众群。

品牌与受众的关系有七种典型：熟悉关系（我对这个品牌知之甚

详)、怀旧关系（这个品牌让我想起生命中某个特别的阶段）、自我概念关系（这个品牌与我非常相符）、合伙关系（这个品牌会非常看重我）、情感结合关系（如果找不到这个品牌我会非常沮丧）、承诺关系（不管生活好坏我都将继续使用这个品牌）、依赖关系（一旦我不使用这个品牌，我感到有什么东西正在消失）。[①] 报业品牌可以在微妙的差别中找到自己。

（四）从象征的角度

从这个角度来确立报业品牌的核心价值对报业具有较高的要求——即该品牌具有十分鲜明的特点，且具有相当的实力和影响力以达到成为某种个性乃至潮流的代表。《南方周末》就是一个非常具有代表性的品牌。《南方周末》标榜“正义、良知、爱心、理性”，其口号是“在这里，读懂中国”。在强大的经营管理层和新闻采编队伍的支持下，《南方周末》成为了中国最具影响力的媒体之一。这样的品牌核心价值已经成为一种象征，它的受众群仿佛代表了这样一群人：观点犀利、解读深刻、有责任感。在这里，品牌的符号价值得到了质的提升。根据马斯洛的需求层次理论，人的自我价值实现需求是人的最高需求。当读者在报纸中找到自我价值的共鸣和寄托，则他们就拥有了对报纸品牌最大程度的忠诚。

第二节　报业品牌定位

一、报业品牌定位的内涵

报业品牌的定位分为三个方面，报业受众定位、报业广告客户定位和报业自身定位。其中，报业受众定位是以实现报业社会利益最大化为根本目的，报业广告客户定位是以实现报业经济利益最大化为根本目的。二者

① 陈兵:《传媒品牌的核心价值及定位》,《当代传播》,2007 年 03 期。

密不可分，互相影响，在考量时要予以结合。其中，报业受众定位能够体现办报宗旨，是报业品牌定位的核心部分，也是联系报业广告客户定位和报业自身定位的纽带。报业自身定位要求在读者的心目中为报纸品牌勾勒一个鲜明的形象，必须以品牌核心价值为基础进行扩充，还要以受众定位为依托进行。

二、报业受众定位的基本路径

在进入这部分内容前，我们需要讨论一个问题，即报业品牌定位的特殊性。这源于报纸的二次销售——报社把报纸上的内容卖给读者，再把报纸上的广告空间卖给企业。报业的潜在顾客是完全不同的两类人，他们消费的是同一份报纸上两种截然不同的产品。这里就必须明确一个问题，报业最终要取悦的消费者到底是谁？是被我们称之为“上帝”的读者，还是花钱买空位做广告的企业？答案显然是后者。我国报业不像日本报业那样的高价订阅，在我国，一份印刷成本1.5元、2元的报纸可以只卖0.5元。除了部分还靠着政府补贴过日子的报社以外，没有广告收入来源，我国的报纸连制作内容的成本都没有了，又拿什么给“上帝”看呢？可见，广告客户才是我国报业真正的“上帝”。因此，报业品牌定位的特殊性就在于，它所定位的受众并不是它的最终消费者，而只是其最终消费者（广告客户）作为是否购买报业所提供商品（广告）的价值参考。

在这个前提下，我们就可以得出这样的结论：报业品牌定位的根本意义是要在众多广告客户的心目中使报业的品牌占据一个难以被抢占的位置。为了达到这个目的，报纸必须为自己找到一个比较稳定的受众群，也就是核心受众，以吸引广告客户。广告投放者会依据这个比较稳定的受众群体是否是自己的产品或服务的潜在客户，来决定是否在该报纸投放广告。因此，报纸的核心受众必须具有一定的消费能力。下面的几种受众定位路径，都要与报业品牌的广告市场进行结合考量。

报业受众定位有以下6种基本路径：受众区域定位、受众年龄定位、受众职业定位、受众文化定位、受众性别定位和受众个性定位。

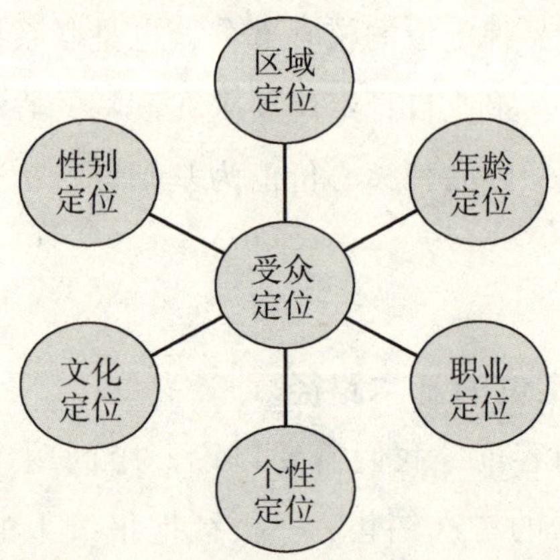

图3-2 报业受众定位的基本路径

（一）受众区域定位

地理区域定位是地方报纸最常用的受众定位路径，尤其是晚报和都市报。这是由地方类报纸的天然优势与劣势所决定的。地方类报纸采编本地新闻十分方便，不仅因为交通便捷，另外因为我国媒体作为政府喉舌的特殊性，地方媒体大都与地方政府有着良好的关系。对于地方政府部门的日常新闻，地方类报纸可以很便捷的获得，而对于本地的社会新闻，报社也可以随时派出记者并很快地抵达采访地区。这是地方类报纸的优势。而此类报纸通常规模较小，新闻采编人员业务能力和采编渠道相对有限，较难获得全国乃至国际上的重大新闻，亦难以对重大事件做出深刻剖析。这是地方类报纸的劣势。这样的优劣势决定了关注此类报纸日常报道内容的大都是该报本地的居民，因此，采用地理区域定位的方法来定位受众群体是一个合理的手段。

另一个受众区域定位的方法是城乡区域定位。城市还是乡村，这在我国报业来说似乎不是一个问题。我国的农村人口文化素质普遍较低，据第五次人口普查显示，我国农村人口中初中以上文化为40%，小学文化43%。对于要求较高阅读能力的报纸来说，农村这个大群体很难成为有效的读者。即使他们看得懂报纸上的内容，微弱的消费能力也无法支撑报业广告客户的需求。但是我们要看到，经过这几年国家对农村的建设，农民的经济收入已经明显提高。农村居民人均纯收入已经从10年前的2622元增加到2012年的7917元。占据我国总人口比例三分之二的农民，其消费力已经大幅攀升，加上我国农村人口文化程度的不断提高，乡村区域定位已经成为报业受众定位的一条有效路径。

（二）受众年龄定位

年龄定位是受众定位中比较便捷的路径，这是由于不同年龄层的人对事物的兴趣点明显不同，而同一个年龄群体对事物的共同兴趣经常一致。年轻人爱好体育、时尚、娱乐和猎奇；中年人关心时政、经济、教育；老年人关注养生、家庭等；这些是不同年龄段的人兴趣爱好的普遍趋向。在日本，老人爱好读报。而日本又是全世界老龄化最严重的国家，且这一趋势正在愈加明显。据日本政府的粗略计算，日本65岁以上人口到2040年将达到14岁以下人口的近4倍。[①] 故而许多日本报纸将报纸的受众年龄定位为老年。而在我国，由于大部分老人文化程度很低且几乎没有消费潜力，年轻人又喜欢上网，很少有看报习惯。所以，我国的报纸常将受众的年龄定位为看报最多且购买力最强的中年人。

但也必须看到，报纸上的广告并不全是适合中年人。前文已说，报纸的受众定位需要考虑广告客户的要求。报纸的受众定位，也是广告投放者的产品受众定位。报纸上经常出现的医疗广告、保健品广告，其产品受众明显是以老年人为主。而这类广告，通常是报社现成的收入来源，只要报纸肯给位子，广告客户马上就可以给现金。而报纸广告的另一个大户——房地产广告，则以刚性需求最大的年轻人为主要受众。因此，不能单纯地将受众年龄定位为中年人，要根据市场环境和报业的生存空间进行科学定位。

（三）受众职业定位

受众的职业差异是决定其收入水平高低的最大因素，因此这种定位路径也可以称为受众收入定位。如同报纸在城乡发展不平衡一样，报业的受

① 钱铮，孙巍：《日本报业_新媒体时代的生存之道，《中国报业》，2012.05（上）。

众职业定位在不同的收入群体间也有明显的偏差。由于收入水平的高低直接决定了购买力的多少，高收入人群一直是广告商们最青睐的对象。这部分人群主要由政府官员、企业家、高级白领等“强势群体”组成，他们具有强大的消费能力，他们是社会上精英大报的主要受众目标。这些人偏爱预测性报道、调查性报道等信息专业性强的报道，具有强大的新闻资源网络的报纸可将这类人定位为核心受众，也可借此获得更好的广告出售机会。

与之相对，中低收入群体的个体购买力较低，但人口基数庞大，也具有不可忽视的消费潜力。1995 年 1 月 6 日，《中国青年报》的特稿栏目“冰点”创刊。这在当时由重要、显著等传统新闻选择标准所主导的新闻界，犹如平地一声惊雷，首次将普通百姓的生活作为中央媒介着力表现的对象，关注普通人的不普通的命运。“冰点”也成了全国范围内响当当的新闻品牌栏目。同年 1 月，我国首家都市报《华西都市报》创刊，提出“市民新闻报”的定位，将受众目标定位为老百姓和市民。之后，都市报如雨后春笋般在各地涌现，成为低层白领、蓝领等中低收入人群的手边读物。

(四) 受众文化定位

受众文化定位与受众职业定位有所区别，职业定位主要指向收入的高低，而文化定位是根据受众受教育文化程度的水平。高收入人群并不一定文化水平都高。与高收入群体对信息的专业性的显著需求不同，文化水平高的读者更加注重品味和深度解读。他们需要的媒介产品未必实用性很强，但要能够提升他们个人的思考和见解。因此这类受众更加偏爱深度报道、解释性报道和高质量的文艺副刊。文化水平较低的读者，则更加要求报纸文字的易读性和内容的趣味性。报业可根据自身新闻人员生产各种媒介产品的优劣势，配合主要广告合作伙伴的产品类别，来定位不同的文化水平的受众。相对而言，强调使用感受和体验的产品更适合文化程度高的受众，强调使用功能和质量的产品更适合文化程度低的受众。

(五) 受众性别定位

这是一种十分易于操作的受众定位路径，因为男性和女性对媒介内容的关注点和对广告商品的兴趣爱好有天壤之别，又容易归纳。通常，男性的看报比例高于女性，大部分报纸都以男性的阅读习惯为基础进行设计。这使得一系列以女性为读者的报纸凭借鲜明的风格取得成功，且具有较高的受众到达率。然而，由于性别只有男性和女性两个范畴，使得这种定位路径不足以划定核心受众的范围。

（六）受众个性定位

受众具有不同的个性，也就喜欢不同性格的媒介产品。对于广告主来说，媒介主要受众的个性也是决定他们是否应该在媒介上投放广告的考量因素之一。从受众个性出发的定位路径，通常与报业品牌核心价值的“象征定位法”是相对应的。在一定程度上，报纸品牌相当于读者的“身份证”，能让人在瞬间了解一个陌生人的个性和文化品位。对这类读者来说，在某些时空环境中，报纸品牌透露的个人信息，比报纸的质量更重要。

需要说明的是，以上几种基本路径都不是互相孤立的，许多情况下需要多层考量，像受众性别定位这样的定位路径几乎必须与其它定位路径一起使用。比如，在同一个地区内可能有多家地方报纸，它们都可以采用受众区域定位的路径将受众定位为本地区的读者。在这种情形下，要实现报纸品牌的差异化就要再通过其他路径。济南的《齐鲁晚报》是地区内发行量和影响力最大的报纸，在其笼罩下其它报纸很难通过单一路径博取市场。在这种情况下，《生活日报》通过受众文化路径将受众定位为济南市文化程度较高的群体；而《都市女报》则通过受众性别定位将受众定位为济南市女性读者。二者都为自身赢得了生存空间。

三、报业广告客户定位的步骤

广告商并不是报业内容产品的直接消费者，因此报业广告客户定位常常是研究报业品牌定位容易忽视的部分。然而这部分客户却是维系报业生存最重要的因素之一，直接关乎报业的经济命脉。

（一）确定广告客户的定位战略

这里的定位战略，是指决定全局的策略，即关系到报纸发展全局的广告客户的定位。一张报纸广告客户的战略定位，不是可有可无的，战略定位的是否准确，关系到报纸发展的全局。如果没有战略定位，那么报纸的广告客户必然缺乏规划，缺少整体性、连贯性。①

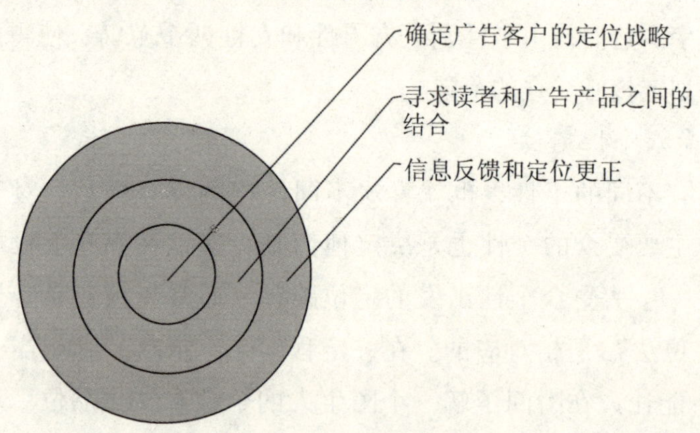

图 3－3　报业广告客户定位的步骤

决定定位战略的因素主要有四个。第一个因素是受众。受众定位对于报业广告客户定位有至关重要的作用，由于报业具有公益性的特点，及受政府管制不能任意创办，报业不可能脱离读者而自由寻找广告客户。第二个因素是报纸自身性质。报纸最基本的性质区别就是党报和非党报，党报的广告客户应当以企业或地区形象广告，开业、庆典、祝贺广告，知名品牌的产品及服务广告，招商引资广告等为主体，着眼于对国民经济有重大影响的产业；非党报则相对自由。第三个因素是发行面。发行面很大程度上影响有效广告所占的比重，地方报纸应侧重于地方上有较高知名度的单位，市场占有率较高的品牌及服务，尤其是地方的纳税大户。第四个因素是国家政策和法律。国家的经济政策和广告法规规定了报纸上所能承揽广告的范围，在国家政策允许范围内刊发广告，可以有效规避报业的政策风险。对于可信度较低的广告，要慎重刊发。

（二）寻求读者和广告产品之间的结合

读者在阅读报纸的同时阅读了广告，这是二者之间的必然联系。广告

① 韩文根，季菊萍：《试论报纸对广告客户的准确定位》，《广告大观（综合版）》，1998 年 04 期。

主只有在当报纸上的广告产生足够效益的情况下才会持续投放，而报纸只有满足广告客户的需求才能维持自己的生存。为此，报业必须建立读者和广告之间的联系，令读者对广告的接触转化为购买。这要求报业在选择广告客户时注意其产品和服务易于被核心受众消费。

以上海的《东方早报》与《新民晚报》为例。《东方早报》定位是全国性财经类日报，其读者群是具有较高收入和教育背景的中高层管理者，因此金融广告在《东方早报》上所占比例位居第二，仅次于房产广告。同时，休闲娱乐广告在《东方日报》广告中占有相当重要的一部分，广告版面较大，这与它的读者群的收入成正相关。而家居/家电广告，在《新民晚报》中所占比重很大，但在《东方日报》中却毫无踪影，与此相同的还有教育类广告，这都与它的读者定位有密切关系。①

（三）信息反馈和定位更正

随着政策和市场环境的变动，报业的广告客户定位要不断得到修正。对于还没有形成长期合作伙伴，或者不足以对报业生存产生重大影响的广告客户，报业可以随时对它们进行更换。

最具典型的是，报纸应及时掌握国家政策的变化，及时调整自己的广告客户定位。例如，我国“十二五”期间规划了十大投资领域，这是政策的重大走向，对报纸的广告客户定位会产生重大改变，一些原来定位的广告客户未被国家鼓励发展，显然应被新兴的产业所取代。另外，还要注意处理读者和广告客户之间的矛盾。由于近年报业广告额不断下滑，报纸上出现的广告越来越低劣，导致读者和广告客户之间的矛盾越来越大。尤其是好解燃眉之急的医疗保健品广告，极易降低报纸在读者心中的美誉度，对于报纸的品牌也是一种伤害。报纸在选择广告客户时，需要注意不断平衡读者和广告客户，尽量做到在报业直接经济利益和读者对品牌的认同之间找到最佳平衡点。对于读者给予评价较低的广告产品，如果条件允许也应予以替换。

---

① 金星，陈培爱：《报纸品牌与广告投放关系——以〈新民晚报〉、〈新闻晚报〉、〈东方早报〉为研究对象》，《新闻界》，2011 年第 3 期。

四、报业自身定位的策略

根据杰克·特劳特和艾·里斯建立的定位理论，定位是令品牌在未来潜在顾客的脑海里确定一个合理的位置，且使得其他品牌难以替代。时至今日，这项理论仍然被人们信奉着。世界著名营销咨询公司特劳特咨询公司对品牌定位内涵的权威说法是："步入认知时代，定位的本质就是在消费者心智中实现品牌的差异化，从而凸现价值，值得购买。"这些经典的阐释，归根结底说的是报业的产品——即报纸在读者心中的形象和特点，也就是指报业品牌自身的定位。报业品牌自身定位既受到品牌核心价值的统辖，又要在受众定位的基础上进行。其定位策略有许多种分法，本文采取以下3种。

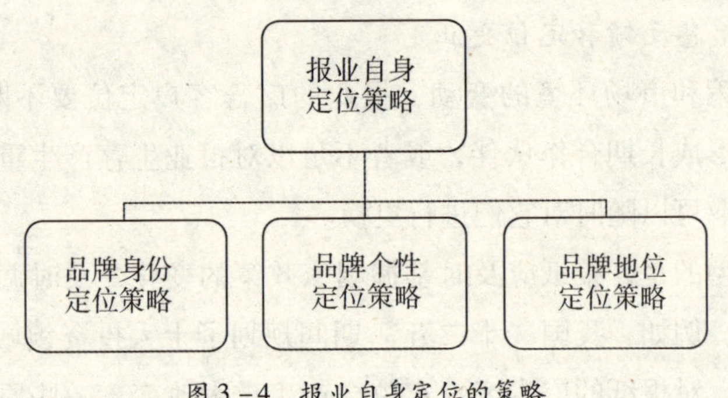

图3-4　报业自身定位的策略

（一）品牌身份定位策略。

根据不同的报纸功能和报道类型比重，报纸可以在读者的心目中扮演不同的角色。

第一种是公仆身份。报刊本着刊登新闻、传播信息的媒介基础功能，旨在成为读者了解社会变化的帮手。对于党报而言，采取这种定位是最合适的，如《人民日报》的办报宗旨就是著名的"为人民服务"。其余如济南《生活日报》，一贯秉承"全心全意为济南人民服务"的办报宗旨，以一个服务者的身份来获取受众的满意。此类定位强调报纸的服务质量，除了党报之外，通常承接于报业品牌的受众区域定位，以满足特定区域内读者的硬性需求。

第二种是朋友身份。这种身份定位强调报纸品牌与读者进行长期的情感交流，对于晚报相对较合适。如《齐鲁晚报》这样的老字号，其品牌定位为“为读者服务，与读者俱进”，相较于“全心全意为济南人民服务”的公仆定位，更加倾向于与读者的平等交流。这样的定位更容易使读者产生情感依赖，也更容易形成稳定的核心受众群。通常，对受众进行年龄定位和性别定位之后可采用这种对品牌自身的定位方法。

第三种是指导者身份。在当今这个信息爆炸的时代，受众对信息的需求已经发生改变。由于信息的繁杂和获取渠道的溢出，受众——尤其是具有一定文化程度和社会地位的受众，不再以“发生了什么”为第一关心目标。他们更加关心“为什么会发生”和“发生这个意味着什么”，而这也恰恰是报纸相较于其他媒体的强项。金融、财经类报纸尤其擅长这类报道，如我国的《金融时报》以“立足金融，面向经济；通过金融，反映经济”为自身定位，在读者心中扮演了释疑、解惑的指导者身份。此类读者一般从事与金融、政治相关的职业，或者教育文化程度较高。

（二）品牌个性定位策略

根据消费者心理学的分析，消费者的个性对品牌选择有很大影响。消费者具有清楚的自我概念和特定的生活方式，在选择品牌时会考虑这个品牌是否符合自己的“自我形象”，使用这个品牌的产品是否有利于给人传递一个关于自己的正确形象等。因此，消费者往往购买那些能够表现或加强他们自身形象的品牌。稳重的读者喜欢大气沉稳的严肃大报，活跃的读者喜欢新奇多样的都市报纸。一个报纸品牌想要取悦什么样的读者，就要对自身的个性进行什么样的定位，进而设计与之相符的版面和语言风格。有个性的报纸更能给读者以深刻的印象。据美国“The Editors Weblog”新闻博客网站报道，《今日美国》告诉其新闻编辑团队要忘记新闻的客观性，要求新闻记者在撰写新闻时要注重个性化，要提供独特的新闻视角。

这种对品牌自身的定位策略直接受到“受众个性定位”的指导。待品牌成熟之后，除非出现同类定位下更加有实力的竞争对手，或其他原因导致的核心受众流失，切忌改变报纸风格。一旦改变风格，意味着品牌个性的变化，已经对品牌个性形成情感寄托和自我映射的受众群很有可能会降低对品牌的忠诚度，转而选择其他替代产品。

（三）品牌地位定位策略

这是具有影响力的大报常用的定位策略，最常见的是行业领导者定位策略。大多数行业内部都有一个被公认的领导品牌，报纸市场亦不例外。成为领导品牌的好处不仅在于发行量的增加，同时有可能具有巨大的市场号召力和巨额的广告收入。实践表明，第一个进入消费者大脑的品牌所占据的长期市场份额通常是第二品牌的两倍、第三品牌的三倍，并且这个比例不会轻易改变。[①] 因此，品牌在获得公认的行业领导者地位之后，就应该毫不犹豫的使用这种定位策略来巩固自己的优势。

当然，如果一个报业品牌在整个行业内长期被公认为领头羊，那么这与垄断已无分别，它的品牌定位也会变得十分简单易行，其竞争对手也很难撼动它的地位。但更多的情况是大报间的“垄断竞争”，几份报纸共同占据主要市场。这时，一个品牌一旦在发行量、知名度、所获荣誉、读者口碑中的任意一项占据首席，就不妨使用行业领导者定位策略。因为这种定位策略所带来的好处实在太大，“君若不取，人必取之”，大家各有各的优势，不能白白把“领头羊”的称号送给竞争对手。在取得目前中国财经类报纸市场上较高的品牌知名度以后，《21 世纪经济报道》公然打出“中国商业报纸的领导者”的口号以争取获得更多读者的注意和阅读，从而将《经济观察报》和《中国经营报》等强势财经类报纸品牌甩在身后。

这种定位策略下的定位方法还有历史地位定位、高端定位等等，同样意在建立报业品牌在读者心中地位崇高的形象。不再一一展开。

---

① ［美］里斯·特劳特:《定位》,中国财政经济出版社 2002 年版,第 53 页。

第三节　核心价值与品牌定位及再定位

一、核心价值与品牌定位的关系

（一）报业核心价值与品牌受众定位的关系

报业品牌受众定位是基于对广告市场和受众调查研究的分析，是一份报纸创刊前就要做完的工作；同样的，报业品牌核心价值也要在品牌开始运营前必须确立。二者需要互相配合完成。前者要符合后者的理念，后者要以前者为参照体系。脱离了受众定位的核心价值，将无法适应市场环境，不能将理念付诸实践；脱离了核心价值的受众定位，无法形成稳定的受众群体，不能凝聚读者对品牌的忠诚度。总结下来成为一句话：报业核心价值限制着品牌受众定位的范围，品牌受众定位是影响报业核心价值理念形成的重要因素。

（二）报业核心价值与广告客户定位的关系

报业核心价值不会直接受广告客户定位的影响而产生变化，前者通过报业品牌受众定位与后者产生关联。核心价值通过参照受众定位来指导广告客户定位，广告客户定位通过影响受众定位对核心价值形成反馈。

（三）报业核心价值与品牌自身定位的关系

报业品牌核心价值是品牌自身定位的直接指导，对后者具有统辖作用。品牌核心价值、品牌自身定位（包含品牌形象、产品内容等元素）同属于品牌整合传播的一部分，核心价值处于传播的顶端，是品牌的最大特征和终极追求。报业品牌对自身的定位是对品牌核心价值的扩充和演绎，读者通过对品牌自身定位的感性和理性的理解，能够加深对品牌核心理念的印象和认识。核心价值统领自身定位，自身定位体现核心价值。

二、报业品牌再定位

核心价值可以一成不变，定位却无法一次完成。如果把一个报业品牌比作一个人，那么核心价值就是这个人的原则和底线；而品牌定位则相当于这个人的社交范围和交际形象。人的原则和底线不可轻言更改，这会让他（她）丧失自己的灵魂。但是生活的变迁却常常迫使一个人在相对稳定的社交范围和在与人相处中的形象发生改变。媒介环境每日都在变化，这种变化猝不及防。报业品牌要时刻关注受众接触媒介方式和需求的变化，在核心价值不变的前提下，随时准备进行品牌的再定位。

（一）市场格局变化中的报业品牌再定位

这里以《足球》报和《南方体育》的对比为例。

《足球》在创刊早期，是足球类报纸中毫无争议的龙头老大，放眼所有体育类报纸也鲜有其匹。后来随着《体坛周报》和《南方体育》的崛起，《足球》报的市场开始缩水，形成三足鼎立的局面。在激烈的角逐中，《体坛周报》逐渐拔得头筹，开始与另外两者拉开距离。由于大部分足球迷都不是仅仅喜欢足球，他们也关心其他体育项目，在这一点上，《足球》报本来尚能依靠足球新闻的优势予以弥补，但《体坛周报》通过一系列策划报道逐渐瓦解了《足球》报的优势。面对这种不利局面，《足球》报的应对方法是果断改变品牌定位，将受众定位从原本定位的足球迷改变为以足球迷为核心的体育迷；同时在品牌自身定位上也将产品内容由足球报道扩充到各类体育报道。其标志性事件是2004年雅典奥运会期间，综合体育报道《足球·劲体育》正式出刊，《足球》报扩版为32版，全面进军综合体育。这样一来，《体坛周报》相对于《足球》报的定位优势也大大减小，《足球》报又有了与《体坛周报》一较长短的能力。

《南方体育》的问题也出在定位上，它不是因为定位面过窄，相反是定位面太宽（实质上是过偏）。《南方体育》不甘心于搞传统的体育新闻，而是强调在体育报刊中增加娱乐色彩和时尚元素。它把受众定位为对体育感兴趣、追求时尚、品味高雅的人群。继之而来的就是报刊内容的偏离。报纸内容产品的生产不可能面面俱到，难免顾此失彼，《南方体育》注重了体育报刊的轻灵飘逸，就失去了体育新闻的踏实稳重——而这才是真正的体育迷所需要的体育新闻报道。真正的体育迷看的是技术和分析，《南方体育》的读者则大部分是看个热闹。创刊初期，该报得益于定位和风格的新颖，一度发行量跃居体育类报刊榜首，然而由于未能形成长期而稳定的核心受众，慢慢被《体坛周报》和《足球》报拉开距离。这时，没有像《足球》报那样果断对品牌进行再定位，《南方体育》选择了压缩成本，一下子从周二刊改成了每周一刊，等于自动退出了时效性体育新闻竞争的行列；增加了一点彩印版面，但售价一下子提高了一倍。[①] 这样的决策显然太缺乏战略眼光，读者怎么可能买账？2005 年 8 月 30 日，《南方体育》停刊。

（二）新媒体时代的报业品牌再定位

这里以对文艺副刊的改变为例。

在平面媒体江河日下的今天，报纸新闻同质化严重的背景之下，文艺副刊成为报业品牌重新定位的一个突破口。新媒体时代的信息爆炸和强大交互性使得受众很难在网络中将注意力停留在一处很久。读报的动机除了获取深度解析以外，从文艺副刊中获取享受也成为一个关键因素。如今，受众将大量时间用来刷微博、微信，信息成为快餐，快速浏览之后剩下的是索然无味。纸质媒体具有促使受众做深阅读的优势，报纸的文艺副刊可以让读者获得比在新媒体上更高的阅读体验，回味地更加长久。报业可以文艺副刊为重点，将品牌再定位为给读者带来更高阅读享受的媒体。

为此，报刊还需采取一系列的措施，如在报刊发行地挖掘原创资源，与主要受众形成共鸣，避免同质化；向读者有偿征稿，提高受众参与的积极性和参与度；选登文章时雅俗兼有，雅者与网络上的滥文形成鲜明对比，俗者在不低俗的前提下做到平易近人，等等。

综上所述，报业品牌的核心价值与品牌定位是一个不可分割的整体，前者对后者整体上是统辖的作用，后者对前者是影响和反映的作用。核心价值理念一旦提出就长期不变，报业要围绕它进行品牌建构的各个环

---

① 赵径文:《论南方体育的倒掉》,《青年记者》,2005 年 10 期。

节。品牌定位则须随着外部环境的变化进行定时的监测与评定，随时准备再定位。虽然报业如今已日薄西山，但我们能做的还有很多，至少能够延长报业品牌的寿命，为这个古老的传统媒介形式的生存再做一点努力。

第四章 | 受众体验与报业品牌形象

品牌是企业重要的无形资产，而驱动这种资产的关键因素是品牌形象（Brand Image）。20 世纪 50 年代，大卫·奥格威从品牌传播的角度提出品牌形象传播的概念，倡导用广告树立品牌形象。至此，品牌形象的概念开始进入人们的视野，塑造品牌形象成为品牌塑造的重要内容。品牌形象是消费者对品牌的总体感知与看法，进而影响和决定着人们的品牌购买和消费行为。品牌形象从消费者角度出发，反映的是顾客对品牌的感知。

21 世纪的市场竞争主要是以“形象力”为中心的品牌竞争，品牌形象如何，预示着企业的产品或服务被消费者所接受和喜爱的程度，换句话说，直接关乎企业的经营效益，是企业能否在激烈的市场竞争中更好地生存发展的关键。

《洛杉矶时报》发行人马克·韦尔斯曾指出要像管理企业一样管理报纸，要建立品牌，要用推销消费品那样的效率和冲劲来推销报纸，增强与读者接触的频率。因此，面对激烈的媒介市场竞争，报纸品牌的资产意义也就更加举足轻重，报纸清晰的品牌形象意味着其在媒介市场中拥有一席之地，在受众眼中是独一无二、不可代替的，拥有较高的读者忠诚度，同时在广告商眼里也具有极大的商业价值。正因如此，越来越多的报业单位意识到塑造良好的品牌形象之于对内强身固本，对外扩大报纸知名度、美誉度的重要意义。

但须注意的是，报纸品牌并不是将商业品牌照搬到传媒行业。报纸作为一种文化产品，除具备商业属性外，还具备社会文化属性，其在报纸走向市场的过程中，并非只简单地遵循经济规律，尤其在像中国新闻体制仍然受到诸多限制的政策环境下，报纸还要遵循社会主义的新闻规律。因此其品牌意义与商业品牌相比，既有商业品牌的共性，也有其自身的特殊性。其特殊性主要表现在三个方面，一是报纸本身就是大众传播手段，贯穿于公众生活领域，因而受到公众的关注比较多；二是报纸受地域、政治、文化、语言的影响较大，地方报具有很强的地域性；三是报纸品牌具有较高的共享度，对受众的涉入程度比较深，品牌一旦形成则具有较强的稳定性，受到其它方面的影响较少，因而品牌忠诚度较高[①]。

相较于普通企业的品牌要素组成，报纸除具备知名度、美誉度和忠诚度外，还必须具备由其所承担的社会责任决定的公信力，以及其作为向大众普及信息的大众传媒手段所必备的亲和力。

第一节　受众与品牌形象

一、关系概述

品牌是一种基于受众认可而形成的资产。在媒介竞争愈演愈烈的今天，世界各国的传媒组织都深深认识到品牌的建立与维护之于生存的必然性和长远意义，也都在为建立深受观众青睐的媒介品牌形象而不懈努力。而媒介品牌的建立，一方面有赖于其自身所能提供的信息的数量与质量，另一方面，能否提供卓越、多元而富有吸引力的受众体验也是品牌建立不可忽略的关键。

公众从来都不是抽象意义的存在，媒介对公众的世界观、审美趣味都

① 白立辉:《<辽沈晚报>品牌建设研究》,2009。

有深刻的影响，是媒介影响下培养起来的公众，同样的公众在媒介的影响下具备了不断成长的创造媒介、使用媒介和改造媒介的能力。强调媒介对公众素质的养成的同时，不应当忽视公众对于媒介的规训，更加明确互联网时代议程设置的典型特征——公众设置媒介议题，媒介在此基础上设置社会议题——以此为指导，从而使得在媒介生产和传播的过程更为有效。传者与受者的关系问题向来是传播学研究领域的热点话题，而在过去的卷帙浩繁的理论与实证研究中，研究者大多围绕传者或媒介中心论展开，将传受双方放在并不对等的地位上进行研究分析，多数时候都有意无意地“贬低”了受者在传播关系中的影响和作用。然而互联网时代的到来和自媒体等新兴媒体的涌现，大批受众更大程度地参与到传播过程中来，并且扮演起越来越重要的角色，其“反馈”作用得到更加鲜明的彰显，“互动”特征成为了当前互联网环境下传受关系最为突出的特征，面对这种新的现象和格局，我们必须尝试跳出原有的媒介中心主义的研究思路，对传者和受者相互关系、地位、作用机理等进行重新的认识和思考。

媒介与公众的关系历史不仅仅是一部接受史和反馈史，而是一部相互消费、相互规范、相互创造的历史。“媒介生活”的概念应运而生。

受众在新闻传播活动中具有十分重要的地位和作用，他们不仅是新闻信息的接受者，而且是新闻传播活动得以开展的基础，是指导新闻传播活动的重要因素，是所有新闻传播活动的目标终点，任何忽视受众的新闻传播活动都不可能实现预期的传播目的。同样的，在媒介品牌构建与维护的过程中也不能忽略受众的反馈作用，即受众也是品牌的一个代言人，是衡量品牌优劣的关键因素之一。受众结构好，媒介的经济价值和社会价值也会高，受众的层次和话语权更是对媒体的深层价值及影响力具有决定作用。

因此，我们必须明确的是，媒体品牌实力的构建需要传播过程中两个最为重要的主体——媒介和受众共同参与，媒介为受众提供从内容到形式的多元而丰富的接触体验，受众群的忠诚度和注意力则成为媒介壮大自身经济实力及社会影响力进而进行品牌推广的有力砝码，鉴于品牌形象与受众的唇齿相依、互利共赢的亲密关系，媒介组织在进行品牌推广的过程中，必须充分考虑如何提供卓越而愉悦的受众体验。

二、新媒体环境下受众与品牌形象

随着现代科技和经济的发展，媒体形式越来越丰富，尤其是微信、微博等网络新媒体正疯狂在传媒领域攻城略地，冲击着报媒这类传统媒体的原有的受众结构和数量，与此同时，受众需求也发生了质的变化：从低层次需求向高层次需求转变，从同质化、大众化消费需求向差异化、多样化和参与化的消费倾向转化，新媒介文化和新技术正对受众的媒介体验进行着重塑，新媒体带来的即时性、新鲜感和互动性优势必然将原本钟情于传统报纸媒介体验的受众进行分流，接下来导致的将是报纸受众忠诚度的逐渐瓦解。在这种受众体验被重构的新形式下，报纸自然不能坐以待毙，更不能依仗正在消解的媒介传统的历史优势而对此不屑一顾，而要借力新媒体，创造受众对报纸品牌形象的新感知，进一步提升对品牌的认可度。

美国另一位传播学研究的著名学者梅罗维茨则从“社会场景”下媒介责任的视角进行了研究。在《消失的地域：电子媒介对社会行为的影响》一书中，他用社会学领域中的场景理论来分析媒介特别是电子媒介对人的社会行为产生的影响，他认为信息传递模式是社会状态的基本元素，信息传播模式的变化是造成社会变化的一个重要因素，“电子媒介最根本的不是通过其内容来影响我们，而是通过改变社会生活的场景地理来产生影响。”电子媒介通过改变社会场景的界限，不仅是简单地使我们更迅速更详细地接近事件或者行为，它们还给了我们新事件和新行为。

随着互联网的普及，以及手机、平板电脑等便携式终端的盛行，信息的传播速度成级数增加，媒介的影响力因子也呈现出多样化的态势，官方网站、微博、微信、客户端等网络传播方式给报纸的发展带来了新的契机。面对这类新媒体形式，报纸媒体要学会顺势而为，巧妙借力以提升受众体验。

在新媒体及“数字化”大潮的冲击下，报纸媒体应成立新媒体运营中心，并根据自身情况有侧重点地选择在各类空前火爆的新媒体形式上开通自己的官方账户，并且聘请熟知新媒体形态及发展态势的专业人员进行专门维护，将这些新媒体平台视为自身品牌传播的新的有效平台，使受众能通过多种渠道接收到报纸提供的信息产品与服务，并鼓励受众积极参与和反馈，建立维系和巩固与受众感情的新通路，如此向受众传达的是更加饱满丰富而且与时俱进的品牌形象，这对报纸媒介品牌的可持续发展意义重大。其中，《人民日报》、央视的网络运营就给业界带来了诸多启示，报纸媒体也着实应借鉴他们的成功经验，重新确立新媒体时代的报纸发展战略，要借助互联网等多种媒体形态进行新一轮的品牌建构，提升影响力。

第二节　受众体验视角下的品牌形象建构

“受众体验是受众对于媒介文化产品的一种综合感知，它吸引新的受众群体，并通过创造价值满意来留住现有受众。”在媒介竞争空前残酷的网络信息时代，媒体所能提供的受众体验质量直接关乎其生存质量，而其中关键则是考验媒体能否敏锐捕捉到受众需求变化，并顺势而为，高质量的“投其所好”，“受众需求的变化与媒介满足其需求的活动相互促动、螺旋上升，推动媒介文化产品的变革与创新”，而变革与创新则是媒体于当前的竞争脱颖而出，凸显品牌价值的有效路径。

媒体负责通过提供文化产品及策划相关活动创造受众体验，但受众体验的真正行为主体是受众，也就是说，媒体向受众提供的服务质量的最终裁决权在受众，受众是品牌印象的感知的重要主体之一，而受众如何感知，受哪些主客观因素影响就又成为了媒介所重点研究的命题。因此，媒介不仅需要提升创造体验价值的能力，更重要的是了解、把握受众在怎样的信息产品及相关服务的“感召”下，才愿意树立对该媒介品牌的更加正面而积极的印象，即受众期待的是怎样的报纸品牌形象。而要解决这个问题，报纸必须从生存和发展两个维度进行考量。

一、构建好生存的基础要素

从受众体验视角来看，考量一份报纸的质量优劣，首先要看其自身是否具备作为大众传播媒介是基础素质与功能。包括：

（一）服务性

空前激烈的媒介市场竞争，使得传统“单向度”的以传者为中心的传受模式发生了重大改变，传媒行业越来越清晰地认识到受众的主体地位，新闻报道逐渐脱离了传者中心论影响下的“传者垄断时代”，转而进入了“平民时代”。也就是说，新闻的服务性逐渐回归，其意义也逐渐被凸显。一份报纸所能提供的服务的质量，已经成为受众衡量其品牌形象优劣的重要基础指标，受众的满意度又往往取决于报纸服务读者的广度、深度和力度。报纸对读者的服务性越强，与受众的联系就越紧密，其影响力和公信力也就越大。换句话说，报纸只有通过向受众提供高质量的服务，切实加强服务意识，才能去影响受众，吸引受众，才能达到既定的传播目的，确保被受众认同，进而才能在激烈的媒体竞争中占得有利位置。

服务性是报纸所应具备的基础功能，是保证读者拥有良好的受众体验的基本要素。而提供有效地信息服务是报纸生来的应有之义，也是其生存的基础要义。一是要在充分了解读者需求的基础上，为读者提供精确有效、通俗易懂且具有贴近性的信息服务，即继续坚持“内容为王”的发展策略，以为受众提供高质量的内容服务为出发点。

报业已有共识：报业的核心能力在于对新闻和一切有价值的内容的发现、选择，在于对内容的创造、采集，在于对内容的整合、管理，在于对内容的分配、营销，在于内容的增值、服务。而核心中的核心，是对内容的发现、采集和创造。这种能力，恰恰正是内容产业的根本所在，也是新媒体、新组织的不足之所在。

在受众对媒介的选择度越来越大的情况下，任何一种媒介要继续满足受众的需求，进而通过满足受众需求提升对受众的把握力和控制力，都需要对自己所能提供给受众的信息结构进行调整。而调整的方向，就是内容产品的多元化——即通过致力于产品定位的多样化、产品表现方式的多样化以及制作加工的多元化及三个层次的叠加，打破传统的“旗舰式”的内容制作模式，而转为“多帆船式”的组合舰队的制作模式。也就是说，对占有的信息资源进行整合，生产出更加多样化的内容产品，实现信息资源的最优化利用，以科学的媒介产品生产链条和更加完备的媒介产品结构，适应受众的多样化需求。这样不仅能降低信息产品的生产成本，还能呈现出丰富而独特的信息产品样态而增加自身品牌的吸引力，巩固老读者的忠诚度进而吸引更多的新读者。总之，内容的深度和解读视角的独特性仍然是受众衡量媒介品牌价值的最关键要素，也是报纸媒介应能提供的最基础且扎实的受众体验。

以“内容为王”为出发点贯彻报纸服务性理念的一个有效途径就是加强服务性报道，加强对全国性以及地方性重大新闻进行卓越有效地服务性解读，将原本晦涩难懂、枯燥乏味的新闻信息尽量精准有效地传达给受众，让受众切实感受到报纸对受众提供服务的“诚意”，构建报纸在受众心中富有贴近性和亲和力的正向品牌形象。例如，《大河报》响亮地提出了“时政报道也是服务性报道”的理念，着力提升时政新闻和普通者的关联度，就必须尽力发现并挖掘该时政新闻的民生意义，坚持实践“时政新闻的民生化处理”，并探索出了“文件解读报道生产标准化操作规范”，在关切民生的重要题材采写上，要求包括现场探访等六个要件。当会议现场记者拿到有重要新闻价值的文件后，通知所在部门主编，另行安排记者进行外围采访。如此，激活了采写，跳出了文件，产品呈现出横向和纵向交叉的立体观感。此番实践，不仅改变了文件解读之刻板印象，亦为《大河报》之核心竞争力加了油。[①]

---

① 王自合:《做好看,有用的服务性报道提升纸媒公信力影响力——〈大河报〉服务性报道的理念与实践》,《中国记者》,2013 年第 3 期,46 ~48 页。

（二）真实性与公信力

新闻的真实性，是新闻的基本原则和最根本的要求，是新闻的生命。新闻传播事业的基础、全部新闻活动的出发点、一篇具体新闻报道的精髓，归根结底都集中在两个字上——真实。因此，真实性是报纸打造公信力的基础，媒介的公信力也来自于真实，没有真实性，新闻根本不能成立。《芝加哥论坛报》总编辑 Howard Tyner 也说：准确度关系到报纸的可信性，是报纸生存的关键，“即使最小的失误，都足以让读者离弃我们。人们看到这些不应该出现的错误时，会感到愤怒。”①

从根本上看，媒体存在和发展的社会基础，来自媒体的公信力，而媒体的公信力正是建筑在保证新闻真实性的基础之上的。公信力是对媒体的一种道德评价标准，是媒介因公众的信任所产生的社会权力，或者说社会影响力、媒介能力。目前虽无明确的界定，但一般认为“传媒公信力是媒介在发展中形成的在社会受众中的信誉度、权威性和影响力。”② 可见，传媒公信力是媒体的生存之本，是受众评价媒体品牌形象时所要考量的最关键的因素之一，也是受众在获知关键信息或者印证信息真实性时进行媒体选择的首要考虑的因素，对于报纸来讲，尤其是以提供新闻信息与评论为主业的严肃报纸来说，必然要以公信力来建立其专业主义的形象，如此才能赢得受众的信赖和关注，才能在受众心目中构建起基本良好的品牌形象，失去公信力的媒体就会失去受众，进而失去市场效益，公信力好坏虽与市场份额大小并不成正比，但可以肯定的是，一旦报纸的公信力跌出了某个“阀值”，就会影响到市场份额。③

而在当前的媒介市场环境下，受众之于报纸品牌形象的建设和维护以及报纸所能获得的经济效益的影响举足轻重，报纸的一切工作的实施都离不开公众对报纸的信任和支持，而公信力是保证争取受众所需具备的最重

① 宋若红:《以真实性打造报纸公信力》,《今传媒》,2008 年第 4 期。

② 余文斌:《公信力——传媒竞争的重要砝码》,《新闻战线》,2002 年第 5 期。

③ 张洪忠. :《“刻度”和“阀门”:公信力对不同类型媒体受众市场的影响》,《新闻记者》,2005 年第 12 期,16 页。

要的素质之一，是其取信于社会和公众，保持自身良好社会形象，求得自身生存与发展的基本条件。报纸若没有公信力，就很难获得公众对其组织的尊重和拥护，受众对于此报纸品牌的印象将十分恶劣，自然也不愿意参与推进报纸品牌建设的进程，无意向报纸提供建设性的意见，如此，“报社自己也很难收集组织公众和环境的信息以指导决策，媒介在进行市场定位和制定决策方案时就失去了依据。”[①]

公信力代表了传媒的内在品质，是其品牌形象中最基础最内核的要素，同时也是其建立和维护与受众的信任关系的纽带。因此，报纸若想在激烈的市场竞争占得一席之地，必须充分考虑受众对于其公信力的重视和期待，坚决避免以牺牲自身媒体的公信力换取市场份额的愚蠢行为。

二、着眼发展的潜力要素

除上述的报纸生存的基础形象要素外，一份报纸基于未来发展的拓展性和跨越式尝试也是受众衡量其品牌价值的重要指标。

（一）渠道及资源整合能力

除上文提到的信息服务能力外，受众对报纸服务性的期待的另一重内涵则是报纸服务性理念的延展，即在拓宽渠道的基础上，以报纸为载体，搭建更为广泛的服务平台。如何最大限度地拓宽受众接触报纸的渠道，并利用已经搭建好的配送平台来做服务的一个延伸，巩固现有的受众资源的基础上进一步提升受众更加多元的体验，进而吸引更多的潜在受众，是现今地方报纸应该好好思索的问题。

渠道是媒体影响力与传播力大小的关键之所在，渠道的宽广程度与媒体的影响力、传播力几乎成正相关，因此，渠道是研究媒介发展不可回避的因素。

在大的媒介环境中，不同的媒介以其具有特色的内容产品进行着争夺受众注意力的竞争。但是，内容产品的一个重要特性就是，虽然通过不同

① 冯艳丹、喻泉:《浅析市场类报纸公信力危机及建设》,《湖北社会科学》,2004 年第 8 期,41 页。

的媒介进行传播和发布，但实际上在许多方面都存在着可替代性。所以，基于生存与竞争的需要不同的媒介都各自选择和关注了受众不同的需求层面，受众也就以完全不同的方式使用和利用这些媒介，这就是我们常见的媒介的差异化及受众的差异化。

渠道的形态，将会影响到受众对这种媒介的选择程度。对于受众的选择，施拉姆曾提供过一个“或然率”的选择模式。这个模式的分析有一定的道理，但不完全。美国有学者（麦库姆）曾经做过统计研究，得出的结论是，在新的媒介环境下，在媒介传播渠道多元化的背景下，媒介受众更愿意使用新的媒介来替换他们现在使用的媒介，这无疑让纸质报纸面临空前严峻的挑战，这就启示媒介组织通过细致的市场调查了解受众媒介接触习惯，拓宽并丰富自己的信息产品到达受众的渠道，以“获得的便利性”提升受众对于报纸媒介的接触体验，赢得受众对报纸媒介的积极印象。

在数字化时代，众多渠道的存在虽然没有影响媒介品牌的价值，但是，它要求接近品牌的通路和介质更加便捷和对位。“搜索”意味着在更加广泛的市场范围内有效资源的组合。换言之，媒体仅仅拥有品牌是不够的，还必须将这种品牌的固有价值转化为客户期待的性质、功能对位、便捷的“可用价值”，它需要更多的媒介组合来提供精确的服务，需要对于客户的更多了解（精确营销）来提供便捷的服务。因此，开拓媒介资源的多重组合、打造更加完整的媒介通路与平台的“服务产品链”，必须有赖于更加开放的媒介资源观，以及更加灵活丰富的“竞合”模式。越广阔的渠道意味着越广阔的受众资源平台，报纸可考虑借力这一广大平台进一步拓宽服务领域，整合现有受众和平台资源，通过为读者提供更多的附加服务来增加品牌价值，实现品牌价值的最大化，如从提供单一报纸发行服务向物流配送服务延伸，为读者提供其他物品配送和增值服务，而这无疑是向受众传达积极品牌形象的重要机遇。

以《华商报》为例，早期报纸就开始尝试在送报纸的同时为订户提供送牛奶的服务，这一服务有效挖掘了报纸的潜在受众群，有的人甚至为了订牛奶而订报纸，这样反而增加了报纸的订阅量。后来《华商报》不断探索，形成了一只成熟的配送队伍，开拓了米、面、粮、油等生活必需品配送业务，一个电话，货到付款，深受群众欢迎。在方便群众的同时，这种销售方式也带来了不错的经济效益，可以说是双赢的模式[①]。如此，《华商报》在读者心中的印象就更加的富有亲和力，其品牌价值也变得更加多元。

（二）关系资源整合能力

报业单位作为社会关系的重要参与者，处于复杂的社会关系网络中，也因此需具备一定的公共关系能力，理顺报社与受众、广告商以及其他相关行为主体的相互关系，保证报社于复杂的生态环境中仍呈现出良性的发展势头，从而确保报业品牌的稳定性，而这正是受众所期待的报业品牌形象；另一方面，正因报业的上述属性，使得其掌握了十分可观的关系资源，包括其合作的商业组织资源以及受众资源，报社可以凭借这些资源力量并通过合理的配置为广告商等商业组织以及受众双方提供其所需的资源，为双方搭建实现互利互惠的桥梁，如促成广告商等商业组织针对报纸读者的优惠活动，一方面使得商家得到有效地宣传，另一方面也给读者带来了切实的利益。只从这层意义上讲，报纸凭借其依靠品牌积累的关系资源，为受众提供了更多增值服务，让受众切身感受到更多报纸品牌实力所带来的福利，从而增加了对报纸品牌的忠诚度，反过来又激励报业更加注重对关系资源的配置和整合，如此便促成了受众体验与报业品牌形象在互相促进中同步螺旋上升，取得双赢的效果。

（三）品牌延伸能力

品牌延伸是公司在品牌运作过程中可以直接获得利益和回报的途径，也是公司不断积累和扩大品牌资产的主要手段。品牌延伸，按照菲利浦·科特勒给出的定义是：把一个现有的品牌名称使用到另一个新类别的产品上。中山大学卢泰宏对品牌延伸的理解为：所谓品牌延伸，是指借助原有的已经建立的品牌地位，将原有品牌转移使用于新进入市场的其他产品或

---

① 伊丰:《办有用的报纸——谈地方报纸应加强服务性报道》,《青年记者》,2009 年第 29 期,26 页。

服务，以及运用于新的细分市场中，以达至以更少的营销成本占领更大的市场份额的目的[①]。品牌具有重要的资产属性，一个成功的品牌具有很强的溢价能力。因此，以品牌为核心拓宽市场空间，开展多元经营，实行品牌延伸已成为传媒集团化经营的重要手段[②]。报业品牌也不例外，当前，诸多报业集团凭借其依靠报纸本身所建立起的品牌影响力，开始向相关行业进行资本渗透，同时在渗透和运营的过程中，报纸原有的品牌形象得到进一步的丰富，随着报业品牌所涵盖的内容的增加，报业品牌所能向受众提供的资源也相应增多，除原有的围绕报纸载体的资源和体验外，增加了网络新媒体等其他媒体形式的内容，甚至有报业进行跨行业经营，受众也能因此享受某些跨行业的福利和新体验，如此受众对原有报业品牌形象的认识也随之变得更加立体和饱满，这一报业品牌在受众媒介生活中的地位也将更加稳固。

第三节　受众导向弥合传受差距

重视受众视角，除了理清受众的概念之外，更需要把握好媒介与受众间传播与接受、支配与反支配的关系。在现代传媒环境下，大众传播的受众不再是控制与同质化过程的一个组成部分，而控制和同质化导致的单向度传播现象已不复存在。受众不仅较以往更加活跃，而且主张和要求“参与”及“反馈”，并已经在传播实践中得以实现。受众不是绝对被动的，而是具有一定的主动性和选择能力，他们能够按照自己的意愿解读媒介文本，并建构意义。

“受众的满足模式”这一传播学研究中的术语，是用以指涉及受众形成并改善与媒介相关的兴趣、需求与偏好的多重可能性。“公众”受众经

① 宋永高:《品牌战略和管理》,浙江大学出版社,2003 年版。

② Steve Auckland. The future of newspapers, The Independent, 13 November, 2006: 104 ~ 113.

常具有广泛的媒介需求和兴趣，又因为他们共同的社会特征而形成一个整体，“公众所感知到的自我需求能够刺激适当的媒介供应”。[①]

在这里，有两个核心的概念，一个是需求形态，一个是媒介供应。对于媒体来说，在对受众进行调查、分析、分类等的基础上，掌握受众的需求形态，是至关重要的。需求形态会随着政治、经济、社会、文化的变化而变化。需求形态一定是动态的，是可变的。受众的需求形态，将会是报纸内容形态的重要前提。

另一方面，媒介供应，其实是说媒介对于受众需求的满足。在这里，有一个变量，那就是媒介对于受众的产品供应与受众实际的需求形态有多大的差异性，或者说从另一个角度看，就是有多大的“契合度”。所以，提高契合度是媒体必须去做、且要做好的。现在的问题在于，报纸在媒介供应与受众需求之间存在着差异，因为缺少必要的互动，下一步要做的就是媒介要学会换位思考，切实站在受众的角度上思考问题，彻底摆脱“魔弹论”时期的僵化思维，将受者地位提高至与传者对等，给受者充分的参与互动和反馈的空间，牢固树立弥合传受差距的观念。更进一步说，弥合传受差距，已然成为报纸增进受众体验，构建品牌形象的关键。

“受众议题”与“媒介议题”之间的偏差常是产生传受差距的重要原因，报纸常常凭借过去一贯处于强势地位的传者身份，在选取话题和角度时缺乏对受众需求的考虑，并通过一定的方式进行强势报道，但这类报道往往并不是受众所感兴趣和真正需要的，因此并不能引起受众的强烈反应和共鸣，也因此无法形成公众议题，即出现了媒介关心的与受众关心的发生错位的现象，“这种媒介与受众新闻选择标准的强烈反差使媒介的真实性受到受众的质疑”，[②] 媒体的公信力无疑将在此种情形中日渐消解，而受众也自然感觉接触媒体、获取信息的体验不佳，这对媒体品牌形象的建构极其不利。

---

① 丹尼斯·麦奎尔：《麦奎尔大众传播理论》，崔保国、李琨译，清华大学出版社 2006 年版，第 316 页。

② 傅家伯：《报纸营销：受众意识 ABC》，《江西社会科学》，2002 年第 6 期，42 页。

只有充分弥合传受差距，才能使报社想要向受众传达的积极理念与品牌形象顺畅无碍地到达受众。

而要弥合传受差距，一方面要求报社提升自身品质，尽量向受众传达高质量的信息产品和积极正面的品牌形象，同时要放低姿态，改变以往的俯视视角，尝试与受众进行平等沟通与对话；而另一方面，也是更为关键的一环，则是要充分考虑受众的需求，坚持受众导向，以市场需求作为出发点，在满足受众需求中实现自己的目标，并努力超前地挖掘发现受众的消费预期，有针对性地给客户提供全方位的服务，保证传受双方在传播过程中配合默契，各取所需；此外，传播者在进行传播活动时目光要长远，不能仅着眼于受众的短期需求，还要充分考虑受众的长远利益，通过向受众提供高质量的接触和阅读体验，帮助受众养成良好的信息获取和甄别习惯，并着力构建一个加强与目标客户沟通的平台，给客户带来价值最大化。

第四节　构建受众体验的框架模式

在传统的办报模式下，报纸是由新闻从业者独立采编完成，然后由读者被动接受，这是一种单向的传播模式，因此新闻从业者占据着主导地位。然而，随着电视、网络等新媒体技术的出现，读者的“被动的信息接受者、目标对象”角色越来越淡化，取而代之的是“搜寻者、咨询者、浏览者、反馈者、对话者、交谈者”等新角色，这种传播模式让新闻从业者与读者站在同等重要的位置，即一份报纸是由新闻从业者与读者共同完成，与此同时，传者和受者也正“联手”推进着报纸的品牌形象。[①]

媒介的无处不在，不仅使得人们进入到了媒介的空间覆盖之中，还使得人们处于了一种媒介化的生存状态之中。媒介与人们社会生活的深度链

① 张欣:《全媒体时代报纸与读者的互动》,《青年记者》,2011 年 23 期。

接，让媒介越来越成为人们社会实践的接口和支点，受众也正感受着越来越多元的媒介接触体验，而正如前文所提到的，受众体验是报业品牌成长与发展的动力，也是其核心要素。同时，报业品牌形象是报业从业者和受众一起构建起来的，受众本身即是报纸品牌形象的接受者，也是创造者，建设者。因此，为了使得两者更加的相得益彰，我们尝试探索构建致力于提升报业品牌形象的受众体验的框架模式。

一、规划受众

要提升报业品牌形象，首先就是目标受众的定位和规划，只有明确受众目标，才能有针对性地向这些受众传达报社组织的信息产品和理念，确保报社组织在品牌形象构建和推广过程中所做工作的有效性和高到达率。这包括三个方面：确认目标受众、描述目标受众、目标受众的可达性。

确认目标受众是指确定那些（潜在的）对实现传播目标有实际意义的人群和组织。按照不同的市场形势和企业形势，可以粗略划分为核心目标受众和普通目标受众。我们可以用所谓的主动变量来确定目标受众，比如目标受众的信息需求或者说他们的传播行为。

描述目标受众，首先要尽可能准确地收集反映各组重要目标受众特征的信息，然后再对其进行精确描述和特性定义（所谓的被动变量）。因为这项工作复杂，我们称之为细致划分。经过营销规划中的市场细分，已存有部分描述标准，但在描述目标受众时，要特别注意选用对传播设计有实际意义的标准。在传播实际操作中，特别是在消费品领域，是结合所谓的类型学来操作的。

目标受众的可达性。分析目标受众的可达性，必须要确定，运用哪些传播工具和手段最适合特定的目标受众的需求。我们可以从对目标受众的描述中获取有关的必要信息，并把它们与传播手段进行对照。由此，能够获得直接有助于具体使用传播工具的参考意见。

确认目标受众时，应考虑的变量要求：对产生影响和传播效果具有重要意义；对产生购买行为具有重要意义；对应用具有重要意义；具有操作能力；时间的稳定性；可测量性；经济性（确定目标受众带来的收益应该大于获取变量所做的投入，如报纸改版扩版的成本）；具有可达性或可进入性。

在做好目标受众规划的基础上，才能更加明确地执行报纸的理念和风格，从而更有效地开展报纸品牌的推广活动，构建统一的品牌形象。如《青年报》始终将目标受众瞄准青年群体，坚持探索符合时代精神和青年需求的办报思路，切实关注青年问题、开发青年题材，以努力寻找青年关注的选题作为报道的重点和突破口，不断加强对青年的舆论渗透力和思想影响力，并配合推出了一系列相关的活动和专题策划，在读者群体中形成统一而清晰地品牌印象。如2005年春节来临之际，《青年报》推出“助贫寒学子回‘家’过年行动”，帮助那些因经济困难而不能回家与亲人团聚的大学生，两部热线响个不停，一周时间收到社会各界捐款30多万元，50多家企业表示安排困难大学生参加勤工助学。2005年国庆前夕，《青年报》围绕“今天我们怎样成长”这一主题，发起大讨论，抓住“啃老族”等青年成长的新现象，展开舆论引导和热点讨论。超过万人次参与本报与搜狐网合作的关于青年成长的系列调查，两万人次跟帖发表对“啃老”等青年成长中一些现象的看法，讲述自己的成长感悟，参与专题讨论。[①]

二、受众参与

在报业品牌形象建构的过程中，规划好目标受众之后，接下来就要通过卓有成效的内容生产与传播及富有吸引力的活动和策划将受众纳入到品牌形象建构的进程中来，通过内容要素、形式要素的结构和呈现规则的改变，顺应大众文化和流行心理的潮流，唤起和重新聚集受众注意力资源，让受众的意志、情感和话语表达都有了一个可以展开的平台和对象，从而对报纸品牌形象的建构和推广形成反向积极作用力。

对于一种媒介形态的选择，重要的一个切入点是，这种媒介能够提供

① 李跃旗：《青年报》品牌战略研究，2007。

给受众的有哪些内容？还有，受众能有多大的参与度？受众情感的表达，能不能通过这种媒介得以实现？媒介是媒介组织的还是受众的？诸如民生新闻的出现，就很大程度上适应了这种受众的新的需求。这种需求与中国经济社会的发展是一致的。

参与的实现，意味着互动与表达的实现。在传播什么内容、以什么方式传播方面，甚至要由受众来决定和选择。国外有的网站，就是这样，每天由网民投票进行选择，决定哪些选题是可以上网发布的，哪些是不能上网发布的。在这里，传者与受者的界限不再清晰。

由于新闻图像只能把事件定格于瞬间，因此需要受众积极参与，而成为“可写文本”，无论是“超现实”世界，还是“可写文本”，受众都会在消费新闻图像时获得满足和享受。

据不完全统计，2006 年我国各电视台举办的各类大大小小的受众参与的传媒活动达 200 多项。有学者研究指出，传播技术的发展、媒介生态环境的变化等因素使得受众参与成为可能和必要。媒体大型活动的勃兴正是在传媒互动技术的基础上，受众参与媒体日益深入的必然结果。

而在报业品牌形象建构的过程中，所作的一切努力都要基于这样一种设定——报纸商品的一次廉价售卖，给予受众以实惠，目的在于受众商品的高价的二次售卖。因此，要最大程度上方便受众，减少受众接受传播信息服务的代价，并尽量使得受众能得到某种利的实惠，实现一种物的刺激，这对于提高报纸对受众维系度至关重要。在整个过程中还需特别注重加强与读者的沟通与互动，保证受众参与的空间和自由度，激起受众参与的热情，这样才能使得品牌形象传播有有效地承载对象。

受众参与的主要形式有：

(1) 以报纸自身所提供的信息产品为话题纽带，邀请读者参与特定话题的讨论，通过“读者来信”“有奖问答”等方式将读者纳入信息产品的“二次加工”进程中，让读者充分体验作为传播活动的主体的满足感。还可以通过“读者来信”“有奖参与”等方式征求读者对报纸发展的意见，引入读者评报模式，给读者一种与报纸荣辱与共的存在感，这种刻意建立起的传受者之间的相关性将大大提升报纸在读者心中的品牌印象。如，《辽沈晚报》于2006年6月19日就开始邀请读者参与评报，把读者的评报纳入到奖惩考核中。报刊的评价由编辑部评价、专家评价、读者评价三部分构成。其中，由市场评价主导（含读者评价和专家评价）的奖励占到60%的比重。该模式与读者进行有效互动，强化了市场需求的特点，使报纸的口味能够符合广大读者的需求，同时也使报纸更具有亲和力。

（2）成立读者联盟组织，并以此为载体为读者提供相关的增值服务。这种形式刻意考虑与车友会、商厦等社会上其他盈利组织合作，为读者提供除阅报之外的更加丰富的活动体验，让读者在读报之余还能享受其他物质或精神上的优惠，这种方式是受众与报纸媒体进行感情维系的有效方式，让读者深刻感受到报社的诚意和态度，这无形中使得报纸本身的品牌形象内涵得以拓展，变得更加生动和丰富。此外，报纸媒体还可以跟商家彼此共享受众资源，互惠互利。

案例4－1：洛阳日报以读者俱乐部为载体的增值服务

2000年，报社把各个发行站更名为“读者服务中心”，明确理念就是搞好服务。为此，报社将以往的松散发行模式转变为了会员制发行，成立读者俱乐部，利用社会各方资源，以报纸为纽带，将报纸、订户和商家联系起来，实现大家受益、多方共赢的目的。

读者俱乐部由三部分组成：一是报社，代表两份报纸（洛阳日报和洛阳晚报）的俱乐部办公室，主要负责各种社会资源的联系、开发，负责各类活动的组织策划；二是会员，订阅全年两报的个人订户，凭会员证参加俱乐部活动，享受各种优惠服务；三是成员单位，为会员提供各种服务和优惠的商家、企业，成员单位通过众多会员的消费与活动，宣传企业与产品、扩大企业的知名度。

俱乐部的主要活动包括：为会员提供日常生活消费的打折优惠活动，利用商家赞助为读者组织联谊活动。每年，读者俱乐部为订户提供100多家商业的打折商品，举办活动10余次，还提供各种免费上门服务。

（3）抓住机遇，进行行之有效的事件营销。借助事件营销原理，组织各类活动或评选，结合受众比较关注的社会主题，与相关行业配合，整合行业资源，实现社会影响力和行业影响力的双赢，这样既能形成自己独有的报道品牌，又让读者在参与活动或评选的过程中进一步感受报纸的品牌魅力。以《北京商报》为例，运用在北京商业领域的报道优势，《北京商报》曾连续五年组织了北京十大商业品牌评选活动，不仅对这一行业的健康发展起到了积极推动作用，也推动广大读者参与到北京商业文明建设中来，在广大读者和行业中都树立起了自己的品牌。[①] 这种主题鲜明且趋于常规化的事件营销，对于提升读者对报纸的接触体验以及巩固读者忠诚度意义重大，报纸影响力的传播不应只是停留在版面运作上，而是通过这些极具吸引力的活动强化和维护媒体自身的品牌形象，与客户及读者进行零距离的互动。

（4）借力新媒体，通过线上线下的通力配合进行活动宣传与开展。抓住关键的时间节点，如在报社周年庆等有意义的日子，通过策划一些民间比赛的形式，开展答谢回馈读者活动。当前新媒体的运用在全国大部分城市都基本得到普及，借助新媒体的威力，在微信、微博等新平台上进行线上宣传，开展话题讨论，使得读者打破空间界限都参与到报社活动中来，再结合线下活动的开展，形成提升品牌形象的合力，让读者在充分享受活动乐趣的同时，允诺获奖者可免费享受一段时间的报纸订阅的优惠。

三、共同“分享”

日本电通公司曾对作为营销基础的消费者行为模式进行重构，并因此形成了新的操作模式。这一模式认为，在传统的 AIDMA 模式（Attention 注意 Interest 兴趣 Desire 欲望 Memory 记忆 Action 行动）中，消费者由注意商品、发生兴趣、产生购买愿望到留下记忆、做出购买行动，整个过程都可以由传统营销手段来完成。而基于网络时代传播方式及媒介市场特征而重构的 AISAS（Attention 注意 Interest 兴趣 Search 搜索 Action 行动 Share 分享）

---

① 邱成军:《报纸事件营销的得与失》,《传媒》,2010 年 7 月。

模式，其要点是，渴望和记忆被更加广泛的搜索取代了，并且增加了信息的分享环节。该模式将消费者在注意商品并产生兴趣之后的信息搜集(Search)，以及产生购买行动之后的信息分享（Share)，作为两个重要环节来考量，对我们把握数字化时代的营销特点是具有启发力的。

在媒介之间，面对更多资源加盟的现实态势，只有不同媒介间的分享，才能实现相关资源的有效合作；在媒介与受众之间，面对受众拥有更多的渠道选择的现实，只有分享，媒体才能和受众建立行动上的战略联盟关系，从而彼此分享各自的资源。显然，“分享”战略需要能够有效深入到客户产业逻辑、消费者生活逻辑的操作手段。只有在此基础上，媒体才能实现时段资源、内容资源、渠道资源、客户资源以及品牌资源等等实际地与服务对象的需要对接，实现真正意义上的无缝链接和价值分享。

换言之，就传播资源的配置而言，要改变以往集中轰炸式的做法，转而建立在实证数据采集分析基础上的“套装”与组合，这种组合不仅要打破传统媒体的边界而进入与数字新兴媒体的领域，甚至还要打破就传播而传播的单方面作用的惯例，进入到社会活动领域，使传播成为一种与“行为艺术”相伴随的真正意义上的社会活动，以便更加深刻地受众的经营逻辑、人们生活状态及精神家园，在“纸媒将死”的舆论困境下，报纸媒体精心提供这种跨媒跨空间和地域的信息产品分享服务，将弥合其在新媒体冲击下完成传统媒体和新媒体的资源和优势的整合，而受众也将在这种分享式的体验中感受到极大的便利性和满足感，媒体的品牌形象也将在得到巩固和优化，更加契合当前的媒介竞争态势。

案例4－2：社区报的尝试

现在，报纸地方化色彩越来越浓，除广告投放地域性的影响，不同地域人群形成独特的文化圈、具有不同的媒体接触心理和习惯，对于地方性报纸来说，这也是与大报差异竞争的重要手段。美国堪萨斯大学的皮格·库赫瑞曾说明，“差异竞争的法则”正是“区域理论”的一个部分。有的学者提出了“黏性”概念，认为社区报纸就应当具备这样的“黏性”，其所提供的东西对它所在的社区来说，应当是值得纪念的、特别重要的、不可缺少的。因此社区报有着巨大的市场潜力，是增进受众体验进而提升品牌形象的新尝试，相信随着传媒市场细分趋势的加剧，社区报将成为诸多报业集团施展拳脚的新阵地。

1. 美国社区报的发展启示

目前在美国，发行量5万份以下的报纸占全部报纸的97%，美国报纸编辑协会（ASNE）将这些报纸称为“小报纸”，实际上也就是社区报纸，因为他们的关注点就是地方。代表着全国7000份小报纸的美国报纸联合会（NAA）的报告说，全美目前有近8000种各类社区报，总发行量约为5000万份。此外，数据显示，从1965年至今，美国社区报的发行量翻了三番，社区报的读者总数也达到了约1.5亿。大部分美国社区报为周报，这个比例大约为69%。自2001年以来，由周报改为每周出版两期的区域性报纸数量增长了6倍。更重要的是，这些区域出版物正充满活力，而且数量还在增长。“用长尾理论解释美国报业就是：“遍布各社区的报纸构成无穷长的尾巴，构筑了报业坚实的基础。”[①] 这些出版物，实际上就是水平扩张模式的一种现实结果。因为其中许多都是从其主报中分离出来的，角色是“全面报道所在社区的一切”。这种模式，体现一种定位于区域性市场“多平台战略”，核心就是以主报为“龙头”，放大品牌，面向年轻人、不同民族以及其它特殊群体，增加报纸在区域市场中的产品种类，分领域、分门类占领区域市场中更多的部分。

大多数这样的出版物将关注点放到家庭设计、健康、旅行、时尚、宠物等等与受众生活紧密相关的内容，给受众一种亲近感，并渐渐地将阅读这些社区报或者报纸的社区版发展成一种生活方式，这也就增加了受众与报纸的“黏性”。全球化的金融危机及新媒体的冲击使得整个报业呈现出一定程度的萧条，但与大报相比一些社区小的报纸经营得还很不错，究其原因，也就有赖于其无法挑战的明细的地方观众定位，能牢牢抓住他们的读者。根据AUDI BUREAU 的发行量显示，2006年10月至2007年3月，

① 纪玑昊:《美国社区报概述——兼论对中国社区报发展的启示》,《国际新闻界》,2009年7月上半月刊,24页。

星期日报的发行量下滑2.7%，不足2万份，而集团报纸总体发行量下滑4.6%，12家都市报包括《纽约时报》、《洛杉矶时报》等的平均发行量都下滑了7%。从某种角度说，小城镇报纸却在享受发行量上升的喜悦。如休斯敦镇的“DONTHAN EAGLE”报，根据美国ABC公司的调查，他们的日发行量上升5%，达到35416份，周日刊的销量则上升4%，达到35293份。因此无论从发行量上，还是广告收入和利润上，报纸社区化成果都表现得相当鼓舞人心。①

2. 中国媒体基于提升“受众体验”社区化尝试

著名学者尼葛洛庞帝认为我们已经进入后信息时代。后信息时代，是受众向媒介主动订购信息的时代，信息变得极端个人化，大众传播的受众往往只是单独的个人。随着媒体种类的急剧增加和市场竞争中生存的需要，大众传播需要适应越来越趋向分众化、小众化、个性化传播的需求，更加注重个体受众的个性化体验。

社区报具有贴近性、实用性和生活化的鲜明特征，它致力于满足一个特殊社区个体对于信息的个性化需求，在当今信息爆炸的时代，恰好为读者解决了无时间精力对信息进行一一甄别和选择的难题，也因此极易受到社区读者的青睐。美国的社区报的发展经验也为我国报纸品牌战略的实施带来了诸多启示，在中国，也有越来越多的大报顺应“分众化”的大趋势，将触角延伸至社区，开始了报纸社区化的尝试。

自2001年中国第一张社区报——《南山日报》创办以来，过去十余年，一张又一张社区报以各种形态和模式陆续进入报业市场，当然这些尝试也有赢有败。在中国经济实力强大、传媒产业集中的北上广地区，“社区”一词早已成为各大报业集团眼里的香饽饽，成为近年来上海报业市场竞争态势中的关键词之一。

这其中涌现出了数张有所建树的社区报：2006年10月，《新民晚报社区版》亮出了“国内第一家获得国家新闻出版总署批准的社区报”的旗

① 纪玘昊:《美国社区报概述——兼论对中国社区报发展的启示》,《国际新闻界》,2009年7月上半月刊,25页。

号，以“用社区视角确定内容，把差异性和服务性的特点放大”的理念来实现内容的差异性竞争；隶属于东方网的《城市导报》在与多家街道报纸展开合作中将自己的社区报角色定位于“媒体支持”者，从内容定制、制作印刷到衍生产品的制作，《城市导报》的参与使街道报纸从内容到版面质量均有了大幅提升；此外，从2012年5月开始，由《新闻晨报》出版发行的《社区晨报》正式创刊，并在《新闻晨报》固有的品牌优势下，一整套全新办报模式低调地开始了社区圈地运动，至今已与38个街道合作推出了38张社区报，逐渐成长为社区报界的新秀①。另外，也有不少报纸退出了社区专版，将广大受众进行进一步细分，最大限度地组织受众流失。

在当前所谓的“报业危机”阴影下，面对网络新媒体对于受众注意力的有力争夺，中国报纸所做的这些社区化尝试无疑为报纸产业的未来可持续发展又注入了新的希望。报纸社区化不仅向受众提供更加精准有效且贴近性强的信息产品，也为社区受众提供了更大的参与报媒传播活动的机会和空间。不少报纸在进行社区化尝试时，不仅向社区公众开放新闻入口，让其成为重要的社区报信息源，甚至将社区受众的杰出代表纳入社区报的编辑队伍，或者由社区居民投票决定当日报纸的头条，给受众提供一种主人翁式的体验，让受众在这种休戚与共的感受中进一步增加对报纸的忠诚度。目前，中国比较成功的报纸社区化尝试，依然是在大报集团主导下进行的，因此，社区报其实成为了报业集团进行品牌扩张和深化的一把利剑，成为了报业品牌的一张新名片，受众在这里感受到的是一种比报媒的“读者来信”及网络新媒体的“即时评论”等更加近距离、更具体验感的互动。因此，从受众的角度来看，这种新形式既为自己提供了准确、有效的信息产品，又让自己感受以往强势的传者传递出的充分的诚意，对原有媒介品牌的印象分自然大幅提高。

四、通过数据库营销强化受众卷入

近些年，数据库营销在商业营销中得到越来越多的关注。数据库营销

① 王珏:《上海社区报生存态势与发展策略初探》,《新闻记者》,2011年1月。

的基础是数据库技术的发展与应用。利用数据库技术，人们可以按照标准进行数据的输入、编辑、修改、检索、查询、存储，技术的运用更加方便灵活，因而可以大大提高人们使用信息的效率。

数据库技术的发展与应用，对于包括报业在内的内容产业的影响也是巨大的。“这种数据库平台的建立，对于内容生产商与集成商的内容收集和发布产生了巨大影响，也导致了内容生产商与集成商内容管理的相关变化。”①

比如，在媒介机构的组织形态方面，围绕多媒体数据库建设以及应用将会成为组织框架中带有基础性的一环，以此来整合内容生产过程中的内容资源和人力资源，更大程度地实现资源共享和优化配置。这就必然带来部门设置、职能、分工以及运作方式的调整与创新，也会带来工作方法、内容样式、发稿渠道等等的改变。

再比如，在媒介机构的业务流程方面，数据库技术要求新闻采编模式的创新。以往那种以记者为中心、围绕记者展开采编流程的方式，已经不适应数据库建设与数据库式传播的需求，在新的条件下，数据库平台将会成为新的“中心”，平台上的资源集成人员将会成为整个流程中的关键，如何组织资源、调动资源，形成综合性的、全方位的新闻资源的采集、开发及充分有效地利用，将会成为决定采编成功与否的关键。

基于数据库营销的前景，数据库营销带来的组织结构、采编流程等方面的变化，报业在未来的发展中，从全面整合资源的角度，引入数据库营销方式，将会成为必然的一种选择。

（一）受众数据建设

实现数据库营销的基础工作，是媒介受众数据的建设，其基本方式是受众调查。在美国，早在20世纪30年代，报业就开始了市场调查，到20世纪70年代，一些专门的调查公司以其专业化的调查方式、数据分析，受到报界的青睐。② 在中国，随着报业规模的几次大的膨胀，随着报业市场

---

① 赵子忠:《内容产业论》,中国传媒大学出版社,2005年1月版,第61页。

② 刘明洋:《解读美国报纸:从新闻运作到产业扩张》,泰山出版社,2007年版。

竞争的加剧，对于读者的有效把握成为报纸赢得市场竞争的重要手段，所以，以读者调查为核心的受众数据建设，也越来越受到报社的重视，因此，在我国也出现了一些专业性的服务于媒体的调查机构，报纸的读者调查也逐步走向了产业化。

报纸读者受众的数据建设，主要体现在下述三个方面：客户识别的数据：行为数据——包括购买习惯、网上点击数据；同公司进行的互动，选择的交流渠道，使用的语言；对产品的消费情况，以及客户钱包中的公司份额。

态度数据——反映客户对其产品的态度，如满意态度，感觉到的竞争状态和位置，欲望特征，未满足的需求，还有生活方式，对品牌的偏好，社会性或个人的价值、观念，以及各种喜好。

人口统计数据（描述性的）——如年龄、收入、受教育程度、婚姻状况、居住状况、性别、家庭主人情况等。

包含在客户数据库中的编目数据，仅仅只需要一次就能够收集到，但识别这些数据是非常重要的，这是一种稳定的数据，如出生日期或性别等。一旦输入或更正之后，这种数据就能够在数据库里存续很长时间，并能够在很多项目中使用。对稳定数据的更新，只有在纠正错误的时候才能进行。除了纠错外，稳定数据是不需要很多改变的，相反，还有其他一些数据——可改变的数据，如一个人的购买意愿，或者他对某一个特定的政治人物的感觉——就需要进行经常的、持续的更新。当然，这并不是一种二进制的典型选择。在现实世界里，有些数据只是相对于其他的数据而言，更加具有稳定性或更加具有可变性。

数据收集的主要方式：广泛的问卷调查、对客户的调查（美国的尼尔森公司的电视方式）、随报调查表、客户服务互动、网站上回应、访谈、对特定组别客户的询问（美国的焦点小组）、或同单个客户所开展的其他直接的互动活动等。

如《经济观察报》在创办之初就专门成立了“定制发行部”，负责收集全国主要上市公司和广告公司、政府部门和全国各高校等机构中高层人物的资料名单，其数据库规模一度达到10万人左右。然后直接向这些读者赠送报纸，通过这种方式，它在极短的时间内引起了高端读者的注意和推荐，发行量得到迅速提升。

（二）受众价值分析

一般情况下，根据客户价值的不同类型，来对其进行分类——高价值客户、低价值客户、具有高增长潜力的客户等。包括四个类别：

最有价值客户。这些客户对于企业具有最大的真实价值——指那些绝大多数的业务都同该企业做，具有最高的边际利润，最愿意同企业合作，具有成为最忠诚客户倾向的客户。最有价值客户是那些公司可能对之拥有最大比例的业务份额的客户，它们也许是，也许不是那种传统的某种产品的“重量级用户”。

最有增长潜力的客户。这是指那些对于企业而言最具有增长潜力的客户，这种增长潜力可以通过交叉销售，通过保留客户一段更长的时间，或者通过改变客户的行为，并使企业能够以一种更低成本、更便捷的方式得以分辨出来。事实上，最有增长潜力的客户是那些在很大程度上还没能意识到到潜在价值的客户。看起来，像是客户的真实价值和他们的潜在价值之间的一个巨大的缺口。

零点之下的客户。这是指那些无论公司付出任何努力，都不可能产生出覆盖其成本的收益，且他们的潜在价值也同样在零点之下的客户。无论企业做什么，无论企业采用何种战略，一个零点之下的客户对于这家公司而言，都不可能表现出一种积极的净价值存在。公司对其采用两种态度，要么将这种客户转换到盈亏平衡点或者有钱可赚的位置上，要么就动员这种客户离开，让他成为其他公司的不能盈利的客户中去。

迁移客户。这类客户总是在不能让企业赚钱和有些增长潜力的边缘之间徘徊着。企业需要做出决定，他们是否能通过培养得到增长，或者说有没有可能成为有高增长价值的客户。企业的目标，应该是将这些客户迁移到具有高成长潜力的客户群中，或者最起码是让他露出真相，看清他们在长期里对企业而言有多大的盈利可能。

（三）受众卷入实现价值增值

媒体的受众资源不仅是发行收入和广告收入的来源，而且广大的高质量的受众群体本身也蕴含着巨大的商业价值。这种价值一旦得到开发，就会产生惊人的利润。如广州的财经类周报《赢周刊》，从一开始就确立了数据库关系营销的思路。《赢周刊》建立高质量数据库的诀窍是组建读者俱乐部，目前已组建了“赢家俱乐部”、“60S年代俱乐部”、“华南MBA俱乐部”。拥有近万名会员的“赢家俱乐部”是规模最大的一个，该刊定期为各俱乐部会员组织各种联谊交流活动。此后，《赢周刊》就针对其俱乐部会员展开了多方面的营销活动。它与各商家合作，通过“赢家俱乐部”来推销药品、保健品、财务软件等产品，其中最成功的一个案例是与广州一个楼盘“南国奥林匹克花园”的合作，《赢周刊》在“赢家俱乐部管理论坛”上宣传推广该楼盘，并策划“生于60年代人看南奥”活动，结果很快带旺了该楼的人气，实现了理想的销售业绩。[①]

数据库可以更有效的吸引广告客户。大众传媒的受众是分散的，媒体往往无法准确描述其传播对象。这种情况常常会让广告商觉得花了冤枉钱，也许他们的诉求对象只占媒体受众的十分之一，但却必须花百分之百的钱去打广告。而数据库能够帮助媒体精确描述其受众，从而为广告商投放广告提供非常有力的参考。国内外实践已证明，在激烈的广告市场竞争中，媒体受众的相关数据是打动广告商的最有利武器。

① 戴益民：《我国报业竞争的发展趋势：从粗放经营到精耕细作》，《新闻界》2007年第3期。

第五章　整合传播与报业品牌营销

近年来的中国报业媒介之间的竞争可谓恶战不断、媒介市场硝烟弥漫。目前，全国报纸媒体经营普遍出现“天花板”现象，报业媒介在恶性竞争之下导致各报纸之间的相互克隆，同质化现象日趋严重。新的媒介环境下新闻传播的跨媒介化，加剧了传统报业的衰退，尽管数字报业工程为今天的报业发展带来生机，但仍旧没有从根本上改变报业集团的生存态势。报业媒体如何保持旺盛的创新意识，形成相应的创新机制？如何打造报业核心竞争力，提升报业在市场竞争中的份额，赢得经济效益？如何提升报业的公信力、营销力、知名度、产生品牌效益，从而带来良好的社会效益？上述问题正是报业集团不得不面对的严峻而又紧迫的课题。

随着社会经济的发展和全球信息的迅速传递，消费者正处于一个信息爆炸的社会，传统营销组合和传播方式已不能适应现代媒介市场竞争的需要，一种新的营销理论和方法——整合营销传播应运而生。

第一节　报业品牌需要整合营销传播

一、明确报纸品牌传播的目标

要想正确发挥报纸品牌传播的作用，必须先明确品牌传播的目标，以及传播对象对传播信息的心理反应过程。报纸品牌传播的目标有以下几点：

（一）刺激受众对报纸及产品、服务的注意力

在实施报纸品牌传播时，营销传播人员往往面临着两大难题，既要吸引目标对象的注意力，又要维持目标对象的注意力。在现实中，有关报纸媒介及产品的信息林林总总，在此之中，只有少部分会吸引人们的注意，至于能让目标对象维持较长时间的注意力，以便有效地传播品牌信息，那就更是凤毛麟角了。因此报纸品牌传播必须具备两大实用的概念：一是关于传播信息的物理特征，二是关于信息的诉求。传播信息的物理特征是指像尺寸大小、色彩、音效、动态、对比等事物，传播中所采用的信息诉求方式，会影响到传播是否能吸引目标对象的注意。传播目标对象通常对与其兴趣相符合，或是与其本身特定需求和问题相关的媒介信息，比较会加以选择注意。简而言之，传播信息的物理特征主要是有助于受众对该媒介相关的注意，而信息诉求则不仅有助于吸引，更重要的是能维持他们的注意。

（二）影响受众使其对报纸及产品、服务形成有利的知觉和偏好

知觉是人们很熟悉的心理活动，每个人对信息的感知、组织和解释方式各不相同，所以人们对同样的情境会有不同的感觉，过去的学习经验，人们的需求、情绪、态度以及人格特质等，都会影响到他们对事物的知觉方式。报纸品牌传播就是要通过相关信息的发布，刻意地去影响受众对报纸媒体的总体看法，影响或更正他们对报纸的形象知觉，力争树立良好的媒介形象。

此外，报纸品牌传播还必须使目标受众形成对报纸的特殊偏好，而能够让受众产生偏好的媒介，其所提供的产品和服务、特色和长处，应该符合目标受众的需要，因此，报纸品牌传播人员应该明确目标受众对媒介的主要需求和一般需求，在营销传播中有针对地传达信息，让受众确信该报纸符合自己的需要，从而产生偏好和忠诚。

二、重视报纸品牌传播的积极作用

在报业市场同质化竞争日益激烈的今天，加强报纸媒体自身的品牌传

播将对报纸工作起到非同寻常的作用：

（一）强化认知，培养读者，增加收入

报纸品牌实际上就是社会公众对于报纸的系统评判，影响这种评判的因素很多，包括信息的准确性、时效性、可信性、报纸的责任感、对公众的态度等等，这些因素在受众心目中的固定化和标识化就成为受众和消费者认知的重要基础。由此可见，品牌就是报纸的形象，多元化时代的本质其实就是形象的竞争，加强报纸的品牌建设，不断重视报纸媒体的品牌塑造，就可以使报纸在读者心中享有很好的知名度，进而强化对报纸品牌的认知，起到加强读者与报纸情感的作用，不仅能巩固老读者，发展新的订户，同时也可赢得大量的广告客户，增加广告收入，扩大市场占有率。

（二）整合运作，提高效率，节省成本

报纸媒体品牌建设的过程，本身就是整合内部资源，优化内部环节的过程。报纸的品牌要取得强势，就必须对品牌建设进行专业化的管理，要求一开始就从宏观与微观两个方面对报纸发展拿出细致的规划，这样就会认真对待报纸品牌充当的角色，小心地传播报纸媒体品牌代表的信息，仔细地琢磨自身的品牌形象，谨慎地使用品牌扩张策略。在报纸的质量与渠道的服务上更会充分体现出其优越性，如管理好价格，做好定位，理顺渠道，不回避竞争等。其中，报纸自身的建设是品牌建设的主体，加强了报纸的品牌建设，能使报纸的发展始终围绕“品牌提升”这一中心进行，做到有的放矢，使报纸工作的各个方面进行有效联动与有机整合，保证每一项工作都能为报纸媒体的发展与品牌提升做“加”法，而不是资源的内耗或者浪费，从而为报纸的发展与建设节省大量的成本。

（三）提升报纸价值，促进媒体扩张

正如有的报纸品牌强大，而大部分报纸仅限于小范围的受众认知一样，报人对报纸媒体品牌价值的认知同样是两极分化。很多人总认为报纸的品牌最多就是促进报纸本身的效益增加，此外再无多大的作用，然而目前一些强势报纸媒体的典型案例却已经给了报人一个明显的答案，报纸媒体品牌对媒体的深度经营、跨媒体经营、跨地域经营、多种经营等均起到了决定性的作用。

三、引入整合营销传播

报业竞争进入品牌化时代，《今日美国》资深记者凯文·曼尼（Kevin-Maney，1997）在其著作《大媒体潮》中预测，21世纪的媒介品牌将成为激烈的战场，无论是同类媒介品牌之间的竞争，还是新兴媒介品牌对传统媒介品牌资源的争夺，都将会使媒介市场更加不平静。媒介市场竞争已逐渐成为品牌的较量。[①] 对于步入21世纪的中国报业市场来说，总量的扩张已趋饱和，结构的调整正在演进，而质的变化展示着品牌影响力的分化与重组。各家报纸瓜分市场的格局，取决于其品牌影响力的有效占位，劣势者最终被淘汰出局，只有强势品牌才能产生强势影响力，并在市场竞争中形成良性循环，以维系和焕发旺盛的生命力。

（一）整合营销传播的定义

整合营销传播理论（Integrated Marketing Communication，IMC）是由美国学者舒尔兹（Don. E. Shultz）等人1992年提出并在20世纪90年代得到营销理论研究者、企业管理者广泛认同的一种营销思想，IMC理论的发源地——美国西北大学的研究组把IMC定义为："IMC把品牌等与企业的所有接触点作为信息传达渠道，以直接影响消费者的购买行为为目标，是从消费者出发，运用所有手段进行有效传播的过程"。

按照舒尔兹的解释，IMC是一个战略经济过程，用于与消费者、客户、潜在客户和其他相关的内外部受众交往的过程中计划、发展、执行和评估协同的、可测量的、有说服力的品牌传播过程。简单地说，整合营销传播是一个提高品牌价值、管理客户关系的过程。更具体点，就是通过战略性的控制或影响相关团体所接受到的信息，鼓励数据发展导向，有目的地与他们进行对话，从而创造并培养与客户和利益相关者之间可获利关系的一个跨职能的过程。[②]

---

① 邵培仁、陈兵：《媒介战略管理》，复旦大学出版社2003年版，141页。

② 〔美〕汤姆·邓肯：《整合营销传播》，周洁如译，中国财政经济出版社，2004年版。

（二）整合营销传播的特点

整合营销传播作为一种营销传播方法，归纳起来主要有以下特点：以现有及潜在消费者为中心，重在与传播对象的沟通。整合营销传播强调应依消费者的需求，度身打造适合的沟通模式，营销传播要有消费者观点而非从营销者本身出发。整合多种传播方式，使受众更多的接触信息。整合营销传播强调各种传播手段的整合运用，对广告、公关、促销、CI、包装等传播工具，进行最佳组合，以求达到最有效的传播影响力。形象整合，信息传播突出声音一致。整合营销传播是将所有营销传播的技术和工具（广告、公关、促销活动和事件行销等），采取同一声音同一做法同一概念传播，与目标受众沟通，使受众接触到的信息单一、明晰，为建立强有力的企业或品牌形象服务。

强调传播活动的系统性。整合营销传播是复杂的系统工程，强调营销信息传播的系统化，以及传播过程中各种要素的协同行动，发挥联合作用和统一作用。管理要求更加程序和层次化。

（三）引入整合营销传播的必要性

目前，报纸竞争仍然在同质化竞争中徘徊，几乎所有的报纸仍停留在4P（即产品、价格、渠道、促销）竞争层面，仅仅停留在4P竞争层面很难使报纸形成持久、独特、核心的优势竞争力，为了真正形成自己的核心竞争力，报纸营销有必要导入整合营销传播理论。①

品牌形象的树立和维护是一个长时间的过程，为了打造良好的品牌形象，和其他产品一样，报纸需要广告的支持，需要进行CIS导入和实施，需要一系列有利于树立品牌形象的促销活动，需要有组织有策划的公共关系活动等等，在这一系列打造品牌形象的活动中，必须用整合营销传播这样一条红线给以贯穿，否则，各种活动可能会出现各种力量抵消和不以消费者为导向的现象。

报业营销目前存在的最大问题就在于各营销要素互相冲突，受众无所

① 罗兵：《报纸整合营销传播的必要性》，《中国记者》，2006年第8期。

适从，各个传播要素互相抵消，削弱了传播合力。例如，有的报纸宣称读者定位为白领阶层，但是从印刷质量、定价、报道内容及风格等各方面看，都与白领阶层的定位格格不入，这样既无法吸引高端读者，也失去了中、低端读者；有的报纸在报道、广告中宣称的和行为上表现的截然不同，言行不一，让读者、广告主和报社的员工都感到无所适从；有的报纸改变很快，没有整体规划，发现别的报纸举办某个活动取得了好的效果，就赶紧搬过来套用，并不考虑是否符合自己报纸的实际情况，也未考虑是否与自己的报纸定位、与其他营销手段冲突。正如宝洁公司的总裁兼首席执行官在《华尔街日报》（欧洲版）上说的一样："我们让消费者感到了困惑"。1997 年，世界顶级品牌公司——宝洁公司在一天之内给 110 种品牌的产品做了 55 次价格调整，一年之内进行了 400 多次推销活动，并且连续修改包装设计、颜色和内容。现在宝洁公司已经向更加集中化的方向转型，减少了不少让消费者困惑的因素。盲目的活动不是越多越好，无计划、未整合的活动反而可能对品牌形象的树立和保持产生负面影响。

在产品独特的价值越来越难得到、在同质化成为报业市场的一个显著特点的时候，要想获得真正的核心价值和独特的优势，报业必须进行整合营销传播，树立报业品牌。

思路决定出路。品牌建设首先要有良好的规划与长远的战略。品牌建设不是一朝一夕的事，而是一个长期积累的过程。"舒肤佳"在中国花了近十年的时间说同样一句话"有效去除细菌"，但全中国记住了这句话的人不可能到 30%；乐百氏纯净水"足足二十七层净化"，是理性广告诉求的经典之作，但调查表明，也只有 7.2% 的上海人在不提示下能回忆起"27 层净化"的诉求。以上两种品牌虽不是报纸，其品牌推广的历程绝对值得报纸媒体借鉴，也由此可见实施长远品牌战略的重要性。

借鉴现代市场营销学的理论，报业集团品牌战略可分以下四个步骤实施：

第一步，提炼以核心竞争力为中心的报纸品牌识别系统，如办报理念、标志口号、形象识别、报纸个性等，并对品牌建设进行长远规划并以此统率报纸媒体的各项工作。

第二步，在执行品牌建设规划的过程中，根据报业市场的变化，不断优化报纸媒体的品牌战略和品牌架构，扬长避短，查漏补缺。

第三步，科学管理各种品牌资产，累积丰厚的品牌价值。

第四步，进行理性的品牌延伸扩张，充分利用报纸媒体的品牌资源获取更大利益。

报业集团在制定长远品牌战略时，要注意使媒体的长期利益与短期利益相结合、客观实际与长远规划相结合、部门利益与总体利益相结合，确保报业集团进入良性发展的轨道。

第二节　报业品牌资源的内外整合

一、整合内部资源

通过整合集团内部各种资源，做强实业，这是品牌营销传播的基础。

(一) 报业集团无形资产的整合

总体上看，报业集团对无形资产的利用普遍存在开发不足、浪费严重的现象，怎样合理有效的利用好报业的无形资产，还是一项紧迫而艰巨的任务。

1. 刊号与市场重组

首先，在刊号的利用上应避免报业集团内的报纸在定位上的重复，以减少因市场原因出现僧多粥少的局面，使报业集团不至于出现窝里斗。其次，报纸刊号的定位应建立在与竞争对手争夺市场的基础上，有针对性的与竞争对手在报纸读者的层次、阅读习惯、阅读范围等方面考虑报纸的定位。第三，报刊市场随社会发展在不断变化，报纸也应该随市场的变化调整定位。

2. 报纸品牌资源的整合与市场竞争

报纸的品牌资源体现在：报纸参与其它经济活动的冠名权、报纸参与投资、报纸主办或协办的新闻活动等等，然而这一无形资产却很少得到充分和有效的利用，报业集团可以根据各个报纸的发行量、年广告收入等因素制定出各自不同的报纸品牌参与市场竞争的具体实施细则，制定出各自不同报纸品牌资源收费标准，由报业集团统一管理。

（二）集团新闻资源的整合

报业集团新闻资源的整合是指两个或多个报纸通过某项或几项活动的协调，共享资源，达到扩展价值链，减少成本，增强竞争力的活动。

1. 新闻资源整合不仅是一种组织活动，更是一种重要的竞争战略

报业集团之所以要进行新闻资源整合是为了在激烈的报业竞争中取得优势，最终赢得市场。通过对报业集团的新闻资源进行整合，我们可以把每个报纸的新闻业务活动都看作一系列基本的新闻价值创造活动，如新闻线索的发现、新闻的采访、新闻的编辑、报纸的印刷、报纸的销售和报纸广告版面的销售，这些活动构成了各报纸之间共同的价值链基础，这一共同的价值链基础是报业集团展开竞争的基石。在这一价值链基础上，我们应该正确认识新闻资源整合中各报纸的优势和劣势，新闻资源的整合就是要通过优化和与协调内部活动获得竞争优势。

2. 新闻资源的整合应体现一种相互依存，共同发展的协作精神

从报业集团的观点来看，新闻资源整合的报纸都不是孤立存在的，任何一个报纸都可以与多个报纸建立不同的资源整合关系，如果我们把这种多重的、相互交织的报纸间的新闻资源整合比喻为网络，那么整合后的这个无形的网络将牵着报业集团中的报纸有福同享，有难同当。

3. 新闻资源整合除了建立内部的竞争机制外，最主要的是建立对外竞争机制

首先报业集团进行新闻资源整合，应建立集团内的核心报纸，即报业集团内应建立起自己的拳头产品。其次要建立多层次，针对竞争对手的系列报纸的格局。报业集团在进行新闻资源整合，打造拳头产品的同时，还应着力打造适合不同读者层次的系列报纸。第三，新闻资源整合还可以跨

行业，多渠道进行广泛的资源整合，除报纸之外的其它广告服务，新闻资源整合要涉猎这些行业，以获取更多的新闻资源，在本地区、外地区、本行业和其它行业同竞争对手展开全方位的竞争。

（三）报业集团发行资源整合

作为报纸产销领域里的第一次销售，报纸的发行，肩负着报纸产品销售员的工作，同时也是报纸的信息反馈员，这就造就了发行队伍庞大。在报纸的诸多成本中，发行成本占了很大一部分，造成发行成本过大的主要原因是，重复的机构设置，重复的人员配备，发行职工所发挥的个人潜能不饱和，那些小而全、大而全的旧观念还深深地影响着传媒机构，许多有识之士早就认识到了这一点。我国加入 WTO 后，传媒业唯一允许外资进入的就是报刊的零售市场，从这一点来看我们说报刊销售市场的狼来了一点也不过分，我们应该清醒地认识到报纸的销售只有走整合的道路，联合起来才能形成合力，从报业长远发展来看，报业集团的发行资源的整合应该是报业历史发展的必然，有以下几个原因造成：

指令不能代替经济杠杆；责、权、利不清阻碍了发行资源的整合；市场竞争加剧影响发行整合；对内实行包销制对外实行分销制；发行公司实行自主经营，具有法人地位的企业自主经营模式；发行公司应改传统营销为创造营销；变一元化营销为多元化营销。

（四）报业集团广告资源的整合

报纸作为一种特殊的产品，它的版面需要二次销售才能实现报纸从生产到销售并最终实现利润的目的。抓好报纸广告销售这一实现利润的产业链就显得尤为重要，作为报业集团来说对现有的广告资源进行整合，降低广告生产的成本，拓展新的广告领域和渠道，进行广告的互动，进行广告跨行业的嫁接，是摆在我们面前的一项重要而紧迫的任务。

1. 报纸广告分类别、分层次进行集约化整合

报业集团广告资源整合，首先要以各报纸的准确发行量和报纸零售量，重新核定各报纸的广告刊例价格。其次，在基本符合性价比的基础上，建立统一而分层次的广告刊例。第三，要杜绝集团内各报纸之间为了自身的

利益而进行的，超过正常原则的相互杀价现象，形成一致对外的整体形象。

2. 报纸广告实行组合式营销整合

广告组合营销手段是指广告对广告客户从新闻包装，到各种媒体以及户外广告的广告宣传，再到产品销售的整体营销策略。

3. 建立报纸广告的扩散营销整合。

报纸广告资源得到有机整合后，报纸广告的二级市场和农村市场必将得到较大的发展，应加大对二级市场的开发，拓展更加广阔的广告市场空间和更加多样性的广告营销手段。

4. 开展报纸广告的合作营销整合

可以开展本地区的广告合作营销，也可以开展跨地区、跨部门的广告合作。现代通信技术的飞速发展，为我们的跨地区、跨部门合作提供了物质保证。

（五）报业有形资产整合

在以上几个资源整合的基础上，报业有形资产的整合已经是水到渠成，报业有形资产整合的目的是让报业集团中的所有有形资产能得到充分利用，减少固定资产的重复设置；提高有形资产的利用率，减少固定资产的闲置。报业有形资产的整合，主要可分为印刷资源的整合；设备器材资源的整合；运输资源的整合。

二、整合外部资源

美国著名经济学家安索夫（H. I. Ansoff）指出，只有那些认真分析企业内外环境因素，善于洞察消费需求及变化趋势，并且能够根据这些因素，制定自己的发展方向、目标和途径的企业才能在竞争中取胜。有位专家曾经讲过很生动的一句话，没有战略的企业，就像流浪汉一样无家可归，甚至很可能走向目标的反方向。

（一）延伸品牌做大品牌

品牌延伸，也称品牌拓展或品牌扩张，是指企业将某一知名品牌或某一具有市场影响力的成功品牌用到成名产品或原产品完全不同的产品上，以借现有成功品牌推出新产品的过程。[①] 好的品牌只有在延伸中才能获得更大的价值，品牌的延伸可分为两个部分，即自我延伸和他我延伸，他我延伸是自我延伸的重要的基础。

在目前，寻求多媒体互动发展是报业品牌延伸的一个很好方式，这也是当今世界传媒、通信、娱乐、因特网、金融资本、影视相互渗透、相互交融和影响的产物。当然，报业集团的品牌延伸要根据自身的实际。报业集团做大做强，进行品牌延伸应该以品牌为核心，以市场为导向。品牌是报纸的生命，品牌延伸的方法多种多样，各有千秋。

品牌延伸的策略是借助多种形式对报业进行整合式的品牌传播，从媒体的广告投放到读者的促销活动，从冠名产品到定向服务。报业集团应该通过报社与公司企业共同推出品牌商品，利用报业集团的知名度和诚信度开展旅游、商务等一系列活动进行品牌输出，扩大自己品牌的影响力。

（二）整合多种资源，跨地区、跨行业经营增强品牌辐射能力

当今美国最大的25家传媒集团，无一是单一报业。大型的传媒集团与传统单一的报业相比，具有明显的优势。优势之一，具有多重结构。这种模式构建的媒体集团能够与各个层次的竞争对手争夺市场份额，并且依赖综合实力，最终把对手纷纷淘汰出局；优势之二，是具有独特的资源、规模优势。这一优势如时代华纳本身变成融合庞大基础用户、快速娱乐业资讯、大范围销售渠道于一体的中心市场。

近年来，我国组建了不少报业集团，在日趋激烈的新闻竞争态势下，单一报业集团是难以快速发展的，因为其传播方式的单一性制约了其发展速度。而要想不被淘汰，重要的选择之一就是跨报业经营。

跨区域经营也是报业增强品牌辐射能力的手段之一，2004 年《京华时报》进入天津，国内外还有一些报业集团对天津报业市场虎视眈眈。在外来报业资本、报业产品、报业文化的直接或间接的冲击下，报业集团应该及时调整政策，优化结构，整合资源，打破区域封锁和市场壁垒，实行跨

① 苏勇、陈小平:《品牌通鉴》,上海人民出版社,2003 年版,第 536 页。

媒体、跨地区、跨行业的经营，增强品牌辐射能力，真正把报业集团做大、做强。

大众报业集团党委书记、董事长、总编辑傅绍万曾描述：“整合，先是报业、广电、出版系统内整合，然后是几个系统大吃小、小并大。这种趋势已经显现。目前，出版是全省一个大系统，广电的有线网正在整合。一旦整合完成，就必然向其他行业渗透，选择报业的可能性最大。即使山东的出版、广电无所作为，外省的大传媒集团也不会不来染指山东这个大市场。对此，我们应当想得远一些，应主动出击，成为跨地域、跨媒体经营的主导者。”①

整合报业市场，同时是报业联手应对新兴媒体挑战的需要。当前网络、手机报等新兴媒体快速发展，推动报业的成熟期和衰退期加速到来，中国的报业发展虽然正处于上升期，但已不可能像西方报业那样过几十年甚至几百年的好日子。在这种形势下，报业打破门户之见，通过战略合作整合资源，就能实现共同发展；关起门来自我积累，依托线性增长，则难以做大做强，在竞争中失去优势。报业只有联手才有出路。

对于非时政类报纸来说，它们是在市场风雨中一路走来的，市场赋予佼佼者以勃勃的活力和“攻城掠地”的能力；然而当前的报业又是按行政区划和行业设置的，条条块块分割严重，“领地观念”严重，外人轻易碰不得。市场之手遇到了计划之手的强力阻挡。

大众报业集团采用的方式是从市场和政府两个角度用力。在市场范畴，抓住产权这个牛鼻子，通过实行资本联姻，达到利益联合，最终实现双赢。在政府的角度，则加强与党委政府的沟通，以行政力量破除体制机制障碍，推动报业合作。业界将这种模式概括为“资本联姻 + 利益联合 + 行政推动”，这是在当前体制下推动报业整合的务实有效模式。依托这种模式，2009 年 11 月，大众报业集团与潍坊日报报业集团开展战略合作，双方共同出资组建潍坊晚报传媒有限公司，大众报业旗下的半岛传媒，以现金和

---

① 张垒:《报业整合:发展策略、成功细节与走向分析》来自山东报业整合的分析报告。

输出品牌等报业资源购买潍坊晚报传媒公司49%的股份，潍坊报业集团控股51%，双方共同经营潍坊晚报。2010年9月，大众报业集团与临沂日报报业集团进行战略合作，双方以产权为纽带，共同出资组建山东沂蒙晚报传媒有限公司，各占股50%，合作经营沂蒙晚报；共同出资组建山东鲁南商报传媒有限公司，大众报业集团占股51%，控股经营鲁南商报。

大众报业派出办报、经营团队进入三家报纸，其先进的办报理念和人才优势，与三家报纸的地利优势完美结合，很快就创造了卓越的业绩。潍坊晚报整合后第一年利润比整合前翻了近两番，广告收入同比增长50%，合作方潍坊日报报业集团首年分红可达整合前潍坊晚报年利润的近两倍；读者对报纸的认可度也显著提高，2010年底发行量增长1万多份。整合后的沂蒙晚报，今年前五个月广告收入同比增长27%；鲁南商报广告收入同比增长934%，发行量达到整合前的4倍多。

大众报业集团与潍坊、临沂两市报业进行的战略合作，是山东乃至全国报业资源优化重组的破冰之举，在全国率先走出了市级报业集团生活类报纸全面与省级报业集团联袂闯市场的新路子，是文化体制改革的一个重大突破。

（三）打造价值链、品牌链、产业链做强品牌

报业集团是在各个报业单元基础上整合而成的，在发展的协调性上面临一些问题，应该有针对性地着力打造报业的价值链、品牌链、产业链，使报业集团健康、协调、可持续发展。

（四）充分利用网络优势，积极整合网络资源

一是从单纯的媒体向大型的新闻综合门户转型。

比如，大众网提出，自己不仅仅是媒体，还是企业。媒体讲究社会责任，企业讲究企业责任，即产生规模，做大做强。大众网仅仅靠提供信息是不行的，还要提供各种各样的服务。2011年大众网的口号是“上大众网，办一切事”，2013年推出的口号是“任何新闻及新闻之外的信息服务”。上大众网不仅可以浏览信息，还可以购物、下载音乐、玩游戏。

二是向区域扎根、向全国性网站拓展。

大众网不仅做好自己的17个地方站，还同时谋划和大型门户网站做一些更深入的交流。而这种交流是以大众网为主的。

三是向技术方向发展。

要利用自身技术优势创收，拓展收入来源，加快发展网站创建、维护等方面业务。

四是向移动互联网转型。

第三节　报业品牌整合营销传播的方式

报业整合营销传播模式是对传统营销模式的一次革命性变革，多种多样的传播方式超越了传统营销模式的局限，在完整、协同、一致的一体化营销旗帜统帅下，全面整合各种战略资源、充分调动各种积极因素、有效建立与关系利益人之间的互动与共识，能够大幅度提升报业影响力、实现品牌价值的最大化。

一、搭建互动平台

建设互动平台的目的，是将品牌传播的出发点由报纸产品转向受众需求。

传统的报纸营销传播更多强调报纸产品本身的价值，其基本出发点是立足报纸自身进行信息设计与实施，如读者定位、传播内容、报纸水准以及风格特色的设计与实施等，并采取线性推销的方式向读者进行单向的信息灌输与诉求，往往忽视了消费群体的接受需求，忽视了受众的文化水平、兴趣爱好、消费水平、阅读习惯，以及受众的职业性、区域性、群体性、差异性、变更性等特征，缺乏对受众群体所进行的深入细致的市场调查、以及现时性、前瞻性的分析研究，因此报纸内容与受众需求之间难以实现有效对接，报纸的读者关注度不高，购买率不强，阅读率不足，报纸的发行量和广告收入自然也难如人意。

报业整合营销传播应该以受众需求为基本出发点，树立起需求第一的价值观念，报业经营活动的核心环节是发现需求，并且满足需求。因此报业组织要强化与受众之间的双向交流与互动，强化与受众之间沟通协调、建立共识的过程。

搭建互动平台，例如大众报业集团的读者文化节等活动，通过这样一个平台来了解读者的信息需求、服务需求、知识需求、娱乐需求、干预生活的需求、乃至自我实现需求等等都能与报纸版面的内容与形式达成完美的契合与统一，消费者对报纸的认同感好、信任度高、忠诚度强，报纸对读者的覆盖密度自然稳步提升。

二、搭建专业平台

市场细分化运作已经成为媒体生存竞争以及发展的基本策略，因此，报业也应该提高自身的专业性，提供一个专业化平台。

以经济新闻报道为例：经济新闻报道应该远近结合。具体来说，国家统计局公布 CPI 指数、中国人民银行调整存款准备金率、人民币对美元升贬值、全球经济危机发展等远的报道，还有受众最关注的本地经济新闻报道。本地经济新闻报道的范围，可以分为当地上市公司重大新闻，如上市公司资产注入、买卖、重组等新闻事件。产经新闻是最为广泛的领域，汽车、家电、IT、地产、通讯、物流、商贸等实业性产业均属此列，在这些行业内发生的重大新闻事件都应该得到及时报道。再者，就是将全国性的重大经济新闻及时本地化。

三、构建内容传播新载体

新媒体时代的传媒环境下我们目睹了各种新媒体发挥自己特有的优势，产生了轰动效应。报纸媒体为了发展自己也积极寻求与新媒体的合作。我们可以借助于网络，利用集团各报纸的编采力量与资源，将报纸信息源的整体规模优势和报纸的传统声誉与互联网的信息综合集成展示能力相结合，做成一个上规模的、有丰富信息量的、有巨大影响力的网络媒体和大型新闻网站。这个网络媒体不只是一个内容集成的展示平台，而且还是一个报纸信息的综合分类与加工整理的加工厂，这样可大大提升集团的品牌号召力。今后则可利用集团品牌的号召力，逐步整合其它媒体，以实现效益最大化。

报纸与新技术的融合已经取得了长足的进展，手机报纸、电视报纸、报纸网络版、数字报业的出现给人们带来了一个又一个的惊喜，电子报纸的横空出世更是具有划时代的意义。在技术成熟并与网络无缝对接之后，电子报纸既可延续报纸的个性特征，又能吸收网络的各种功能，网页、多媒体、QQ、BBS、博客、电子邮件等一应俱全，直观性、互动性、即时性、自由度、多通道、无限性、丰富性等兼收并蓄，其便携性甚至超出了电脑，这种全新的超越传统报业与现代网络的“立体媒体”的日益完善，将大大拓展报业的生存空间，使报业的生命力及商业价值得到极大提升。

网络具有更新快，信息多，网民多的优点，但传统媒体也有其权威性和新闻采编的内容优势。两者结合起来则如虎添翼。因此报纸需要在互联网上设立独立网站，形成跨媒体的综合信息平台。网络媒体可以突破传统媒体所受到的版面和时间的限制，可真正实现全天候的开放和运转，可以极大地弥补传统平面媒体的不足。同时，充分利用网络的特点，向读者提供远远超过纸质媒体的更多内容，如提供当地媒体、教育、企业、生活、旅游、购物、美食、房地产、气象、交通等多种服务，并且将本地所有相关资料整合成一个在线数据库，担当起一个城市在互联网上的窗口平台。

建立视频网站，进行跨媒体和跨区域发展。目前，党中央号召大力发展文化产业，提倡国有媒体进行跨媒体、跨行业、跨区域发展，但在现行的行政区划和管理体制下，真正要进行跨媒体、跨区域扩张，是比较困难的。但是，网络的出现，却给传统媒体的全方位扩张提供了极好的技术平台，使得原本困难重重的跨越，变成了轻而易举的可能。可以充分利用网络这个高技术平台，将平面内容与影像内容结合起来，以增强对消费者和广告客户的吸引力，如对区县经济的宣传，对旅游、房地产、酒店、求职、教育、医院、网络销售等领域的宣传，都可以通过有着跨媒体、超越区域性优势的网络视频来完成。从今后的发展前景来看，网络视频将不再仅仅是纸质媒体的赢利补充手段，甚至完全可以超越纸质媒体而成为一个独立的赢利平台。可以断言，从现在起，哪家传媒集团抢先跨出经营网络视频这个新兴媒体的步子，则就可以抢先于其它媒体完成跨媒体和跨区域发展的目标，进而可抢先在全国做大做强。

四、搭建专业的服务平台

报纸举办公关活动，由于受到传媒品牌影响力的辐射和报道资源的支持，所聚集的能量、获得的注意力与关注度，远远高于一般企业举办的活动。但是，办活动不是报纸的特长，要想产生较好的市场效益与营销效果，必须要有正确的经营理念和思路。要在研究市场状况的前提下，以主流读者的需求为出发点，把那些具有营销价值和开发意义的细分化的市场定位为自己的目标市场，集中力量进行专业化和密集化的营销。

比如《南方都市报》主办的中国南方汽车展、国庆房产大联展，不仅有效地推广了品牌、扩大了发行，而且还直接带动了广告增长，创造了不菲的经济效益。2009年6月18日，为更好地服务聊城读者，齐鲁晚报创办《今日聊城》。在做好新闻报道同时，《今日聊城》利用晚报品牌优势，开展各类公益活动，像相亲会、春秋季车展、暑期报童营销秀、晚报小记者团、大家来买爱心菜等公益活动，在读者中有着非常良好的口碑。据统计，像这样的公益活动，《今日聊城》每年都要举办30多场，在社会上形成了强大的影响力。

五、搭建多种产业平台

报业的发展还应该超越行业限制，超越原有的价值创造模式，将利润的增长点拓展到报业生产纵向价值链的其他环节，如广告、印刷、造纸、出版等行业，甚至拓展到与报业生产不相关的其他产业，如房地产、出租车、数码、会展、中介、酒店、物业管理、电子商务等产业，打造跨地域、跨行业的文化传媒集团和产业集团。报业经营从单一化到多样化、从相关多样化到离散多样化的多元发展格局，可以扩大产业规模、增强产业实力，提升报业抗风险能力。

天津日报旗下的《假日100天》在品牌营销的理念下，利用报纸形成的“假日”品牌，组建了股份制的假日传媒公司，开拓天津的旅游娱乐市场。继利用资本运作模式组建股份制的传媒公司进军文化市场之后，天津日报拓展经营宽度的又一力作是挺进教育产业，以名师家教为切入点，与财经大学联合创办了天津第一家媒体主办的天津经报进修学院。学院借鉴国际一流培训学院的办学模式，聘请国内外教育界的知名人士出任顾问，汇集知名教师担任专职和兼职教师，盘活了天津日报老楼的资产，成为媒体向多元化产业化发展的重要举措。

六、搭建与其它媒体合作平台，品牌价值多元化

报纸形象广告若只在自身媒体上进行传播是单调的，效果是有限的，当其他行业正在走整合营销传播路线的时候，报纸也应该为自身的广告宣传寻找多媒介、多渠道的传播途径。

虽然如今不同类型的媒体之间也存在着激烈的竞争，但是媒体间的竞争还没有到达你死我亡的地步，而且人们也已经接受了不同媒体共生共荣的局面，所以，报纸也可以在同为大众媒体的广播、电视、互联网上投放广告，尤其是在电视上投放形象广告，电视因其视听兼备、感性化的特点成为建立品牌形象的最佳媒体，而且各媒体之间可以以各自拥有的不同受众群作为交换合作的前提，以最少的广告投资费用获得最大的广告效益，甚至可以采用不必付费的方式，在协商的基础上互换版面或时间，以达到双赢。另外，报纸作为一种广告媒介，它为之服务的一些广告主在某种条件下也可以转化为发布报纸形象广告的广告媒介，例如，在报纸上刊登广告的某楼盘完全可以为报纸形象广告提供传播媒介，如拉挂横幅等等。这就需要报纸有意识地去充分利用自身拥有的一切媒介资源，以最少的实际支出建构起强大的品牌效益。

报业整合营销传播理论的核心内容是：报业需要强化市场意识、品牌意识，以读者需求为核心，充分发挥跨媒介经营的优势，借用一般商品的成功战略，整合所有媒介资源，让人们从不同信息渠道获得一致信息，使它们相互配合，发挥最大的传播效果，进而塑造报业的强势品牌。报业整合营销传播随着社会经济的发展，其定义和内容也在不断发展。对于报业整合营销传播的认识，实施和管理、测评，没有放之四海而皆准的现成的东西拿来套用，只能根据中国报业的实际，本着实事求是、一切从实际出发的原则，踏踏实实的作好每一项工作，才有可能真正达到报业整合营销传播的效果。

第六章 风险时代与报业品牌健康管理

2011 年 7 月 10 日，拥有 168 年历史、英国最畅销的周报《世界新闻报》（News of The World）最后一次发行，其在头版以特大号白体字醒目地标注“THANK YOU & GOODBYE”。这份以独家新闻和娱乐新闻知名、默多克新闻集团旗下重要的报纸因非法截取、窃听私人电话信息的丑闻被关闭。窃听丑闻引发了英国人的怒火，震动了全球新闻界；随着更多的丑闻被披露，新闻集团在英国传媒领域的统治地位严重动摇。尽管谋求“丢卒保车”、“剜肉疗伤”，新闻集团仍不得不宣布放弃收购英国天空广播公司，其扩张计划遭到重挫。

2013 年 10 月 22 日，长沙市公安局通过官方微博，证实《新快报》记者陈永洲被警方以涉嫌“损害商业信誉罪”刑事拘留。《新快报》连续两天在报纸头版发文要求警方放人，使舆论之火越燃越旺。但很快陈永洲坦承其受人指使对中联重科进行诬蔑诋毁并收受不法利益，引发舆论哗然。其后，《新快报》在报纸头版刊登道歉声明；长沙检方以涉嫌“损害商业信誉罪”批捕陈永洲；广东省新闻出版广电局吊销陈永洲的新闻记者证；羊城晚报报业集团进行调查整顿，并调整《新快报》领导班子，《新快报》社长、总编辑和副社长被免职。

《世界新闻报》窃听丑闻和《新快报》陈永洲事件是近年发生的严重而典型的报业品牌危机。这也是现代传媒经营管理面临“风险”的一个表现。一般认为，随着文明的演进，工业化、现代化、城市化、全球化步伐不断加快，在享受其带来的发展和优质生活的同时，人类社会正在走入一个风险高发的时代，社会生活的各个领域面临着日益增多、不可避免、范围广泛、类型多样的风险。随着改革开放的深入和现代化转型的推进，中国社会同样面临着风险多发、频发的现实，改革发展中的现代传媒领域面临各种潜在的风险和显性的危机。中国报业在实施品牌战略、开展品牌竞争的当下，同样面临着许多类似的风险和危机。如何在改革发展的同时有效降低和控制可能存在的风险和危机成为中国报业品牌发展的重要命题。

本章视品牌为有机体，从现代医学“健康管理”概念切入，研究报业品牌健康的管理。本章将分析报业品牌健康的威胁因素（风险来源），探索增强报业品牌生命力的路径，构建报业品牌健康管理模型，研究提高报业品牌的风险控制和危机管理能力的操作策略。

第一节　报业品牌健康管理的概念和意义

一、报业品牌健康管理的概念

“健康管理”是来自现代医学的概念，指的是“对个人及人群的健康危险因素进行全面管理的过程”[①]，具体说是“对个体或群体的健康进行全面监测，分析，评估，提供健康咨询和指导以及对健康危险因素进行干预的全过程”[②]。随着社会发展，人对生活质量特别是身体健康状况日益重视；而受生态及食品安全问题、不良生活方式以及社会压力的影响，人的身体健康、生命活力和生活品质都面临威胁，慢性非传染疾病和亚健康状态成为现代社会的严重卫生问题；同时，不断上升的医疗开支给个人和家

① 陈君石、李明:《个人健康管理在健康保险中的应用现状与发展趋势》,《中华全科医师杂志》2005年第1期。

② 陈君石、黄建始:《健康管理师》,中国协和医科大学出版社2007年版。

庭带来较大负担，也给社会造成资源消耗。在这一背景下，“健康管理”（Health Management）在20世纪中期的美国出现，此后在欧洲、日本等发达国家和地区兴起，逐步成为社会健康医疗服务体系中的重要组成部分。与单纯诊治疾病不同，“健康管理”强调通过一整套服务对个体和群体的健康风险因素进行全面管理，通过收集健康信息、监测健康危险因素（发现健康问题），经过健康评估（认识健康问题），进而有针对性地开展健康干预（解决健康问题），从而达到以下目标：使病患和健康人掌握一定的自我保健方法，矫正不良生活方式，有效地利用资源、降低出险概率和医疗开支，降低疾病风险因素，更好地预防、控制及延缓疾病的发生和发展，增强生命活力和生活品质。

在中国，随着经济社会的发展、对外交流的密切以及国民生活水平的提高，作为“健康管理”初级环节的“健康体检”（针对未病、初病或将病的健康或亚健康个体，通过医学手段了解其当下的身体健康信息、早期发现疾病线索和健康隐患）受到人们的重视并形成了一定规模的市场。在健康体检的基础上综合个体其他信息，在专家指导下有针对性地进行养生保健和疾病预防，也正在引起公众的关注。但从整体上讲，“健康管理”在中国只有近十年的发展历程，尚处于初级阶段，公众健康管理的观念正在培养中，医学界对此有良好的发展预期。

医学上的健康体检乃至健康管理本质上是对生命健康风险的回应。“风险”概念真正走入中国公众的视野，“是在1990年代中期以后，也就是在1994年全面经济改革之后”①，“‘风险’首先产生于经济改革的核心区域，例如私人企业、股市、保险业以及改制中的国企，然后随着市场化的脚步扩展到教育、医疗、住房、土地和就业等生活息息相关的领域，最后更通过食品安全、公共安全、公共卫生、环境污染、生态灾害、粮食安

① 郑永年、黄彦杰：《风险时代的中国社会》，《文化纵横》2012年第5期。文章认为，1990年代中期开始的全面经济改革“分为两个基本主题，即经济和社会关系的市场化与货币化，以及国家财政和经济权力的巩固”。一方面，“放弃了对商品流通和劳动力流动的控制，建立起产品市场和劳动力市场，为中小企业奠定了存在的基础，将亿万农民工转变为低技术的产业工人”；另一方面，“加强了中央对金融、财政和资源的控制，使国企变成真正意义上的企业，并将地方政府变成土地开放和招商引资的‘发展型政府’”。

全等全局性议题，逐步成为关乎整个社会稳定和国家治理的核心问题。”①风险可分为个体的和系统的，“以风险的涉及时间或者危机酝酿时间而论，系统风险又可以分为短期的或者阶段性风险和长期的或者结构性风险”②。此前，德国社会学家乌尔里希·贝克（Ulrich Beck，1944）首次提出了“风险社会”论题③，该术语逐渐获得了学界的广泛认知和认同④，成为描述和理解当今世界的核心概念之一。按照该理论，所谓“风险”是现代性的基本要素和重要特征；同时，全球化进程中越来越多的事实表明，全球化不仅是经济、文化、技术的全球化，一定意义上也是风险的全球化。

根据国际经验，人均国内生产总值（GDP）1000~3000美元这个区间是社会结构高度紧张、社会矛盾最容易激化、公共安全事故频发的高风险阶段。中国处于两次现代化并存的历史阶段⑤，社会转型加速推进，进入

---

① 郑永年、黄彦杰:《风险时代的中国社会》,《文化纵横》2012年第5期。文章认为,1990年代中期开始的全面经济改革“分为两个基本主题,即经济和社会关系的市场化与货币化,以及国家财政和经济权力的巩固”。一方面,“放弃了对商品流通和劳动力流动的控制,建立起产品市场和劳动力市场,为中小企业奠定了存在的基础,将亿万农民工转变为低技术的产业工人”;另一方面,“加强了中央对金融、财政和资源的控制,使国企变成真正意义上的企业,并将地方政府变成土地开放和招商引资的‘发展型政府’”。

② 郑永年、黄彦杰:《风险时代的中国社会》,《文化纵横》2012年第5期。文章认为,1990年代中期开始的全面经济改革“分为两个基本主题,即经济和社会关系的市场化与货币化,以及国家财政和经济权力的巩固”。一方面,“放弃了对商品流通和劳动力流动的控制,建立起产品市场和劳动力市场,为中小企业奠定了存在的基础,将亿万农民工转变为低技术的产业工人”;另一方面,“加强了中央对金融、财政和资源的控制,使国企变成真正意义上的企业,并将地方政府变成土地开放和招商引资的‘发展型政府’”。

③ 乌尔里希·贝克在1986年出版的德文版《风险社会:迈向一种新的现代性》一书中首次使用“风险社会”(risk society)概念。他于1990年代出版的两部英文版图书(Ulrich Beck. Risk Society: Towards a New Modernity. London: Sage Publications, 1992; Ulrich Beck. World Risk Society. Cambridge: Polity Press, 1999.)后来被译成中文([德]乌尔里希·贝克:《风险社会》,何博闻译,译林出版社2004年版;[德]乌尔里希·贝克:《世界风险社会》,吴英姿、孙淑敏译,南京大学出版社2004年版)。

④ 几乎与贝克提出“风险社会”概念同步,20世纪80、90年代的欧洲疯牛病危机、切尔诺贝利核电厂事故、日本金融危机、东南亚金融危机、贫富分化加剧、国际恐怖活动等一系列事件和事实表明,世界正在进入一个这样的“风险社会”。

⑤ 中科院研究员何传启提出“第二次现代化理论”,认为:“如果说,实现从农业文明向工业文明的转变是第一次现代化,那么,从工业时代向知识时代的转变就是第二次现代化。”(何传启:《知识经济与第二次现代化》,《科技导报》1998年第6期)中科院中国现代化研究中心、中国现代化战略研究课题组《中国现代化报告2006》(北京大学出版社2006年版)认为:“目前,中国社会已经包含第二次社会现代化的内涵,属于两次社会现代化并存的局面。”另外,肖瑛认为:“虽然中国试图在较短时间内实现西方国家花了几百年才走过的工业化道路,并同时竭力站稳世界信息化的潮头,传统、工业化和后工业化这三个不同的历史时段和不同的社会发展逻辑,在同一个时空背景下叠加和激荡;但从本质上看,中国目前还处在工业化和城市化的进程之中。”(肖瑛:《风险社会与中国》,《探索与争鸣》2012年第4期)

21世纪以来，频发的SARS、流感、矿难、地震、洪涝、群体事件、生态危机、食品安全危机等都印证了这一国际经验。中国公众对风险的感知日益强烈，公众的生活预期、社会心态和生活方式都发生着深刻的变革。国内许多学者认为，当代中国社会正在进入一个“风险社会”甚至是“高风险社会”。[①] 在这个背景下，“风险治理”、“危机管理”这类概念日益成为融入到当今中国社会发展的新战略，成为重要的公共话题。

随着市场改革的推进，品牌逐渐成为影响消费者选择的导向性因素，企业竞争由价格或质量竞争转入以品牌为综合实力体现的竞争深化阶段。由于各种因素，中国品牌经受市场风险的能力比较脆弱[②]，而国外知名品牌往往有品牌保护和危机处理方面的良好运作经验。在这一背景下，国内业界和学界将“健康管理”概念引入品牌研究领域，提出了“品牌健康管理”概念，试图借助现代医学的视角研究风险社会背景下的品牌管理和品牌战略，监测、评估并化解品牌风险，使品牌保持持久的健康。

在现代传媒领域：一方面，在web2.0等技术背景下，社会化媒体和移动互联网蓬勃兴起；另一方面，公众的科学文化素质不断提高，心理期待不断增加，获取信息的渠道更加多样化，判断信息价值的能力不断增强，意见表达愿望更加强烈，“公众通过新媒体参与到信息生产和传播的过程中，从而拥有了更大范围的知情权、表达权、选择权和监督权。”[③] 现代传媒领域正发生深刻的变革，表现为“被动的受众演变为‘风险社会’中的独立、主动而活跃的生产/消费者。”[④] 在此背景下，品牌战略日益受到重视，包括报业在内的媒体竞争日益进入品牌竞争阶段。基于与品牌健康管理相似的背景，本章将“品牌健康管理”的思路引入报业，研究“报业品牌健康管理”。“报业品牌健康管理”旨在发现并尽量减少风险因素对报业

---

① 参见夏玉珍、吴娅:《中国正进入风险社会时代》,《甘肃社会科学》2007年第1期。徐勇、项继权:《我们已经进入了风险社会》,《华中师范大学学报》(人文社会科学版)2008年第5期。

② 如因三聚氰胺事件这一导火索,品牌资产价值高达149.07亿元(中国品牌资产评价中心评定)的“三鹿”以及有50多年历史的大型国企石家庄三鹿集团股份有限公司最终倒下,并给公众以及行业带来了深重的影响。

③ 史安斌:《化危为机:风险社会中的危机传播》,《绿叶》2009年第8期。

④ 史安斌:《化危为机:风险社会中的危机传播》,《绿叶》2009年第8期。

品牌的伤害，提高其自身的风险防范、危机化解，以及抗压、恢复能力，增强报业品牌的生命力。

一般来说，“风险”、“危机”和“突发事件”是公共风险治理的三种核心概念①。“风险”意味着“危机”发生的可能性，本身并不等同于“危机”。“风险”与“危机”是潜在因果关系，“突发事件”使风险显性化②。基于此，本章对“报业品牌健康管理”的分析框架包括报业风险管理、报业突发事件管理和报业危机管理。由于“突发事件”往往与“危机”紧密相连，而“风险”和“危机”是报业品牌健康管理过程中两个相对稳定的状态，因此本章主要从“风险”和“危机”两个角度进行有关论述。

业界和学界提出的“品牌健康管理”是一个泛指的概念，外延涉及市场上的各种品牌，本章将其统称为“一般（意义上的）品牌健康管理”。基于业态特点，特别是中国报业管理体制上的特殊性，“报业品牌健康管理”与“一般品牌健康管理”有共同点，又有自己的特点。一般品牌健康管理、媒体品牌健康管理和报业品牌健康管理之间的逻辑关系如图6－1。

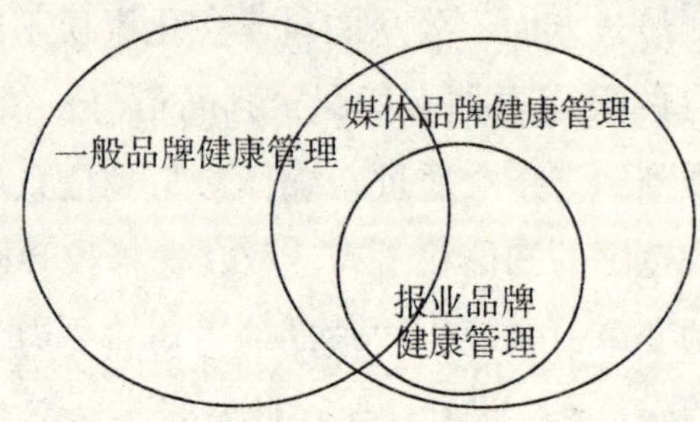

图6－1　一般品牌健康管理、媒体品牌健康管理和报业品牌健康管理逻辑关系图

二、报业品牌健康管理的意义

保持品牌健康是报业至关重要的发展战略，对报业品牌自身，以及受众、行业乃至国家都有重要的意义。

报业品牌健康管理是风险社会背景下和市场化条件下报业品牌成长必

---

① 童星、张海波：《基于中国问题的灾害管理分析框架》，《中国社会科学》2010年第1期。

② 童星、张海波：《基于中国问题的灾害管理分析框架》，《中国社会科学》2010年第1期。

然要面对的问题，是品牌运营的必要环节。对风险的防控、对突发事件和危机的处理，是考验报纸品牌核心价值观和报业经营管理的试金石。

对报业品牌自身和受众来说，它有助于准确把握品牌的现状和动态，为报业经营管理决策提供信息、理念支持；有助于提高经营管理水平，打造符合报业品牌定位的产品和服务，满足受众的精神文化需求；有助于提高防范和化解风险的能力，降低运行成本，增强品牌生命力，维护和增强内部员工和消费者的品牌忠诚度，增强市场竞争优势，从而促进报业品牌自身的健康可持续发展。对整个传媒行业来说，报业品牌健康管理有助于维护新闻媒体的公信力，形成创新、竞争的良好风气，促进传媒行业的健康长远发展。对国家来说，报业品牌健康管理意味着强化了报业的自我约束和风险治理，有利于提高报业管理成效，维护社会稳定和国家形象，促进现代传媒产业发展，提升国际竞争力。

相反，报业品牌健康管理不力，意味着其自身管理落后、品质过低、带有各种风险隐患，极易出现严重的突发事件并导向危机，从而造成侵权和受众不满，受众和收益流失，损害媒体公信力，损害品牌自身的竞争优势、透支品牌生命力，造成管理层和相关责任人被追责，甚至造成品牌死亡。如果出现法律用语错误，则不但影响传播信息的准确性，而且损害法律的尊严，容易误导受众，甚至侵害当事人合法权益，引发法律纠纷。每一次报业品牌危机都可能给受众造成不安全感，受众在有限经验基础上形成的“刻板成见”① 往往导致对报业品牌产生强烈的信任危机。报业品牌健康管理不力，还会触碰党和政府的底线，一些特别严重的问题可能引发公众的强烈反感以

① 沃尔特·李普曼（Walter Lippmann，1889 ~ 1974）在《公众舆论》中提出两个概念：“拟态环境”（pseudo environment）和“刻板成见”（stereotype）。他认为，现代社会日益巨大化和复杂化，人们由于实际活动的范围、精力和注意力有限，不可能对与之有关的整个外部环境和众多的事情都保持经验性接触，对超出自己亲身感知以外的事物，人们只能通过各种“新闻供给机构”去了解认知。这样，人的行为已不再是对客观环境及其变化的反应，而成了对新闻机构提示的某种“拟态环境”的反应。“刻板成见”是指人们对特定的事物所持有的固定化、简单化的观念和印象，它通常伴随着对该事物的价值评价和好恶的感情。刻板成见可以为人们认识事物提供简便的参考标准，但也阻碍着对新事物的接受。个人有个人的刻板成见，一个社会也有其社会成员广泛接受的和普遍通行的刻板成见，因而它也起着社会的控制作用。见李普曼：《公众舆论》，阎克文、江红译，上海人民出版社 2006 年版。

及党和政府的问责、整顿；一些受众还会因此产生极端心理，威胁社会稳定，甚至可能酿成社会危机；在传播国家涉外政策上出问题，以及发布涉外不实信息，还会损害中国新闻界的国际信誉，甚至引发外交冲突。

第二节　报业品牌风险和危机的表现

报业品牌的产品生产和经营管理一般涉及以下主要环节：理念确立、选题策划、内容采编、审查把关、印刷发行、财务经营、人力管理。每一个环节都有潜在的风险，这些风险可能通过突发事件导向危机。根据以上环节，可把报业品牌的风险和危机大致分为四类：理念上的风险和危机、内容上的风险和危机、过程上的风险和危机、人力上的风险和危机。

一、理念上的风险和危机

（一）触碰政治红线

新闻事业与政治有着密切的联系，具有意识形态属性，"'政治家办报'是毛泽东党报理论的一个重要论点"①。当前我国正处于社会转型期和社会矛盾凸显期，各种思想文化交锋频繁，在现行的传媒管理体制下，面对复杂多变的国际国内形势，中国共产党对报纸仍然赋予宣传党的方针政策的任务和坚持党的有效管理的要求。② 这就意味着新形势下报社的新闻工作者和经营人员，特别是报社领导者必须坚持马克思主义新闻观，要熟悉党的政策和理论，具有良好的政治素质以及很强的政治敏锐性和政治鉴别力，坚持新闻性和政治性的统一，主要包括：坚持党性原则这一办报根本原则，体现全心全意为人民服务的价值理念；具备政治头脑，在事关大

① 陈力丹：《新形势下的"政治家办报"》，《采写编》2010 年第 6 期。

② 习近平在 2013 年 8 月 19 日召开的全国宣传思想工作会议上讲话重申"要坚持党管媒体，坚持政治家办报、办刊、办台、办新闻网站，各级各类传播渠道都要坚持党的领导。"

是大非和政治原则问题上立场坚定，在纷繁复杂的社会现象面前明辨是非；把握正确的舆论导向，坚持团结稳定鼓劲、正面宣传为主，弘扬主旋律，传播正能量；具有强烈的社会责任感，正确处理社会效益和经济效益的关系，坚持把社会效益放在首位；遵守宣传纪律，服从党的领导，从大局上认识问题、处理新闻。[①] 报刊“触碰政治红线”即违反以上原则，具体表现如：把关不严，或公开发表以及通过广告暗示等形式传播违反党的基本路线、方针、政策以及国家宪法和法律的新闻、评论、地图等信息；擅自使用境外媒体、境外网站新闻信息产品；不规范使用涉台宣传用语；新闻报道、图片等泄密；标题、配图等版面元素构成的版面语言政治倾向偏颇等。这些问题极易引发媒体管理部门纠正、受众质疑，形成舆论风波，对报业品牌造成致命伤害。

（二）经营理念偏颇

经营理念对报业的整体经营管理起着关涉全局的地位。报业的品牌战略，其价值定位、渠道设定、经营策略上出现错误、褊狭、混乱或不完善，会影响到围绕理念的一切经营管理行为，导致品牌发展乏力、管理混乱、风险不断积累，或者因子品牌失序殃及主品牌。具体如：按照现行《出版管理条例》[②] 和报刊管理有关规定，出版报刊有确定的业务范围和明确的办报办刊宗旨，然而一些报刊为了经济利益，片面追求“卖点”，偏离业务范围和办报宗旨；在市场化过程中，片面迎合受众猎奇、窥私的心理，从理念层面消解了作为新闻媒体应该秉持的专业主义精神；面对市场竞争，定位不清晰，或者品牌定位趋同导致同质化严重；面对新媒体的竞争盲目转型，片面追求与新媒体拼“时效性”，过度模仿新媒体的话语形态，反而放弃了对其核心竞争力——内容的权威性、真实性和生产优质内容的能力的守护；违反报刊出版管理规定，开展一号多报、一号多刊、一号多版等违规出版或者出卖刊号、版面；利用传媒公器为报社违法行为辩护；在经营管理中盲目扩张，

① 朱夏炎：《“政治家办报”的时代内涵与要求》，《新闻爱好者》2011 年第 15 期。

② 现行《出版管理条例》由 2001 年 12 月 25 日中华人民共和国国务院令第 343 号公布，根据 2011 年 3 月 19 日《国务院关于修改〈出版管理条例〉的决定》修订。

资金链出现问题等。如2009年《中华新闻报》因经营不善倒闭[①]。

二、内容上的风险和危机

（一）内容失实

客观事实是新闻报道的第一要素，真实是新闻媒体的生命，办报要坚持真实、准确、全面、客观的原则。内容失实也就是刊登虚假信息，即未能真实反映客观事物本来面貌、带有虚假成分的新闻报道和广告表达，如：杜撰新闻（无中生有）；虚构或夸张情节；过度倚赖单一信源，不加鉴别和求证，对新闻要素虚假描述，从而造成报道部分或完全失实；主观、客观上歪曲采访对象的表达；对法律、经济、文化、军事等专业领域信息不认真求证，表达偏颇；不加求证、任意转载失实的文本或者在转载新闻时断章取义或曲解原意；重要数据、引语、职务职称等信息错误；刊登虚假、夸张或有涉嫌误导受众的广告、新闻图片等。这些都会直接损害报纸作为媒体的公信力。如：2006年《信息时报》"广州市面出现注水西瓜"事件[②]，2013年《新快报》"撑伞女孩"假新闻事件[③]。

（二）内容低俗

一些报纸罔顾媒体的社会责任，登载涉嫌暴力、违反人权和人格尊严、违反性道德、违反公平竞争、危害家庭关系、伤害主流道德伦理等严重违

---

① 2009年8月28日，《中国新闻出版报》头版刊出"关于中华新闻报社清算的公告"，成为第一份因"经营不善，严重资不抵债，无法正常出版"而倒闭的中央级报纸。该报有16年历史、发行量曾达10万。内部经营管理理念出现很多问题，定位摇摆不定，该报曾与一家企业合作开发"版面经济"，由个人或公司承包专题专刊，每年向报社缴纳一定数量的费用，报社给每个承包专刊的个人或公司发1个记者证和3个工作证，专刊工作人员由承包方自行聘用，结果人员素质参差不齐，加上这些人员大都有经营创收任务，外出采访时常坐出出格的事情。见苑二刚：《16年，<中华新闻报>的荣耀与悲哀》，《中国报业》2009年第10期。

② 2006年7月19日，《信息时报》报道称《广州市面出现注水西瓜》，《东方日报》7月20日转载时添枝加叶，写成："广州近日发现一批'加料'西瓜，全部瓜圆皮绿，切开汁液丰富、果肉鲜红，入口却淡而无味，甚至传出刺鼻异味。"内地、香港许多媒体转载，"西瓜注红药水"说法广为传播，导致各地市场西瓜价格暴跌。中央电视台经济频道《经济半小时》栏目和国家质检总局先后介入调查，证明这是《信息时报》记者捕风捉影、虚构的虚假新闻。

③ 2013年8月1日，《新快报》发表文章《孩子，谢谢你！》，讲述清洁工中暑后，小女孩为其撑伞的事，并配有现场图片。此图在微博上引发大量关注，但很快被指出是一场精心策划的炒作，引起舆论哗然。

背公序良俗和社会主义核心价值体系的新闻或评论，登载庸俗、低俗、恶俗、媚俗或涉及对地域、人群造成歧视的新闻或广告，传播负面新闻、小道消息，这都损害了报纸的品牌定位、自身形象和受众印象，严重的可能引发舆论鞭挞等突发事件。

（三）版面粗糙

报纸是报社的新闻产品，强调受众界面友好，符合受众期待。一些报纸错别字和标点语法错误经常出现、版面排版差、纸张质量差、图片质量差、配图不合适，一些报纸的网站界面使用体验太差等都是版面粗糙的表现，在“读图时代”受众的心理模式下，特别损害受众体验。

三、过程上的风险和危机

（一）新闻判断错位

重大新闻事件上新闻价值判断错误，容易造成新闻缺席（隐而不报、不屑报道或轻描淡写）、新闻越位（哗众取宠、小题大做）、报道时机不当（滞后报道或违反规定提前报道）、评论偏颇。这些都会造成对自身公信力和承担社会责任形象的损害，引发受众反感和流失，甚至成为竞争对手赶超的契机。而违反规定提前报道，则会引发管理部门的问责。如：2007 年《新快报》关于“韩国人发明了汉字”的报道，后被韩联社核实该新闻失实。方舟子在博客中评价《新快报》为“造谣小报”。[①]

（二）违规采编问题

通过窃听、贿赂、诱导等各种不正当手段获取“独家新闻”、“重要新

---

① 2007 年 12 月 12 日，《新快报》报道说，汉字“申遗”在韩国已经热了一年多，去年 10 月 10 日的《朝鲜日报》就报道，韩国首尔大学历史教授朴正秀认为是朝鲜民族最先发明了汉字。他还建议韩国政府理直气壮地恢复汉字，并向联合国申请汉字为世界文化遗产。韩国联合通讯社 12 月 13 日报道说，首尔大学没有名叫朴正秀的教授，并且韩国国内也没有要求为汉字申请世界文化遗产的举动。《中国青年报》评论此事认为：“从韩联社的报道来看，汉字事件至少说明，我们的媒体一是没有认真核实新闻事实，二是小题大做，将一些连韩国人都觉得不着调的言论肆意夸大其效果和影响。”（见《是谁在臆造中韩文化之争》，中国青年报 2007 年 12 月 22 日，转引自人民网，http://opinion.people.com.cn/GB/6686522.html，最后访问日期：2013 - 12 - 13。）方舟子的评价见 http://blog.sina.com.cn/s/blog_474068790100acw8.html，2008 年 8 月 2 日，最后访问日期：2013 - 12 - 13。

闻”；通过侵犯公众隐私、肖像和名誉等手段获得新闻；信息来源草率，对政府等单位提供的“通稿”不加核实地采用；通过各种非直接方式而不是亲临现场采集新闻或“拼凑”新闻；非法转载新闻或非法使用图片；暗箱操作有偿新闻，搞新闻敲诈；通过摆拍、导演等方式拍摄新闻图片等。这些都会严重危害新闻的严肃性、品牌的美誉度和媒体的公信力。如：2011年引爆的《世界新闻报》窃听丑闻，2012年浙江日报报业集团旗下《今日早报》“哨所女兵学习十八大精神”照片摆拍事件①，2013年《新快报》记者陈永洲事件等。

（三）违规发布问题

在采集和编辑信息后，不经过审核即发布，或者审核不严发布违规采编或质量低下的内容，或者发布审核未通过的信息。如：《新快报》记者陈永洲的10余篇不实报道获得报纸发表；被警方逮捕后，报社通过报纸头条连续两天发表强硬措辞，事后在道歉声明中承认其“对稿件审核把关不严，事发后采取的不当做法，严重损害媒体公信力，教训深刻”②。

---

① 2012年11月17日，浙江日报报业集团所属的《今日早报》在头版刊登一幅摆拍的“哨所女兵学习十八大精神”照片，在微博上被广为传播，引发网友“抵制摆拍”。随后，浙江日报报业集团图片新闻中心对此事表示歉意，并对值班编辑做了处分。民盟盟员周蓬安在其博客中认为这是新中国第一起新闻单位为“摆拍”而道歉的事例，也是新中国首例新闻从业者因“摆拍”遭到处理的案例。（见 http://blog.ifeng.com/article/21288024.html，最后访问日期：2013－12－13）

② 《中国青年报》评论员曹林评论此事认为：（报社）“先期极不慎重的强硬立场，最终成了笑柄，竭力为之辩护的记者，竭力让警方放的人，却是那样的一个人。媒体在这种情况下，是不能轻易以单位的形象和组织的名义为一个‘不知道他干过什么事’的人作担保的，否则会将组织的形象给搭进去。先是高调让警方‘放人’，再在头版道歉，‘穷骨头’成了‘软骨头’，把一家媒体的脸都丢光了。不敢想象，这家媒体以后写的新闻，还有谁会相信？更不敢想象，一家管理和把关如此混乱，对记者收钱黑企业的报道大开绿灯，以后如何让读者相信？”（见曹林：《“穷骨头”如何变成软骨头——“媒体共同体”不是用来自我取媚的》，http://dajia.qq.com/blog/351929033660049，2013年11月1日。）另外，人民网评论认为：“陈永洲显然不是一个人在战斗。一般来说，记者发表在供职媒体的稿件属于职务写作，稿件能不能发，怎么发，往往并不取决于记者，记者写好稿件之后到报纸正式发出，还有诸多程序要走，必须要过编辑关、主任关，乃至值班老总关等等。在此想请问新快报管理层，陈永洲在不到一年时间内先后发表10余篇中联重科的负面报道，多数他都没有采访，怎么就能够轻易见报？任何一家有操守、有管理制度的报纸都不敢这样乱搞，而新快报居然能够轻易将问题稿件发表出来，有两种可能，一是内部管理体制完全失灵，相关把关人失明；二是存在利益输送，一些管理人员为了达到目的，故意选择性失明，为问题稿件大开绿灯。换言之，陈永洲应该承担责任，新快报也难辞其咎。对此，中国记协已经表态：新快报在长达一年的时间中连续发表多篇该记者署名的捏造事实的报道，严重失职，也应承担相应的责任。”（见任平宜：《陈永洲事件，都是谁该反思？》，人民网，http://opinion.people.com.cn/n/2013/1027/c223228－23338796.html，最后访问日期：2013－12－13。）

（四）秘密泄露问题

一方面，在信息化和 web2.0 技术背景下，随着社交网络和移动互联网的兴起，个人信息发布的成本和门槛降低、信息传播的广度和影响力提升。另一方面，由于计算机和互联网信息安全保护不力，通过技术和非技术手段非法截获、篡改信息成为媒体领域的潜在风险。在以上背景下，报社内部的一些资料可能被外泄并引发舆论关注，或被竞争对手窃取。如：围绕有争议的新闻议题的 QQ 群讨论被截图发布，作为内部数据的视频资料被拷贝上网，重要的设计方案和涉密信息被泄露。

四、人力上的风险和危机

（一）公共形象问题

报业领导层、团队管理的重大事件都可能导致报业公共形象出现问题。另外，报业所属记者、编辑等人员在工作中和工作外的言论、行为都可能引发对报业品牌的危机。如：领导人的清廉问题；报社记者在公共场所表现不文明引起公众非议，引发报业品牌公共形象危机；工作时间报社热线打不通，或者接电话的人给人印象太差。

（二）人才配置问题

主要包括人才缺乏、人才配置不合理、人才流失问题。随着传媒领域改革的深化，既懂采编又懂经营管理的高级经理人才缺乏成为一些报纸品牌发展的障碍。人才配置不合理既造成了资源浪费，又容易造成团队凝聚力差，管理内耗严重。从全社会的人力资源管理看，人才作为重要的劳动力要素的流动是正常和合理的。然而对报业来说，在报业内部以及面对新媒体竞争的背景下，报业优秀人才甚至团队流出，可能给报业品牌带来致命的伤害。

根据风险对品牌造成威胁的程度和危机处理的难易，以上风险和危机大致可分为三个危险等级：一是造成致命伤害的，品牌健康一般处于重病或重病潜伏状态，如触动政治红线、内容失实、违规采编等；二是造成元气重伤的，如大量优秀人才流出；三是一般性危险的，品牌健康一般处于小病、乃至慢性疾病和亚健康状态，如版面粗糙。由于每一类问题都有具体的表现和强度，发生的对象也不尽相同，因此该分类仅是大致划分。例如：生理上的伤风感冒一般是小的疾病，但在个别情况下可能引起生命垂危；或者疾病对一般个体不是大问题，而对身体素质较差的个体可能引发危险。

第三节　报业品牌风险和危机的特点、成因及应对框架

一、报业品牌风险和危机的特点

传媒是特殊行业，因此报业品牌的风险和危机相对于一般品牌来说有其自身的特点。总体上说，报业品牌的风险和危机主要有以下特点：

（一）突发性、偶然性以及一定的周期性和可预见性

一般来说，危机具有突发性、偶然性和随机性，品牌危机的爆发时间、地点、形式和强度等往往始料未及。但由于新闻生产与社会大环境的特殊相关性，报业品牌风险往往与社会生活的热点有关联，往往风险的出现表现为周期性并可以预期，如每年的全国和地方两会、中共中央全会、“一二·九”前后等重大时间节点可作为预防政治性风险的“敏感时期”。同时，了解报业的风险分布规律后，可以有针对性地加强风险监测和预警，使风险在一定程度上可控。

（二）多样性和复杂化

报业品牌风险涉及报业产品生产和经营管理的各个环节，其发生、发展都与诸多因素相关，呈现多样性和复杂性的特点。特别是随着全球化发展和进入“中国高风险社会”，报业品牌卷入社会危机的可能性大大增加。

（三）破坏性、被动性和蔓延性

报业品牌危机一旦发生，就会将其积蓄的破坏性能量迅速释放出来，并快速传播，呈“千里之堤，溃于蚁穴”之势。而社会的日益开放、技术条件的提升会使危机的影响范围、烈度、速度都大大增强。面对报业品牌

的危机，往往处于被动的应付状态。同时，危机发生后，其在时间、地域、报业各相关品牌和传媒行业上都会产生强大的蔓延性。

（四）机遇性

危机作为风险的释放，一定程度有助于推动威胁因素的解决。成功的品牌危机管理，不仅能使报业品牌化解风险、渡过危机，还能进一步提升品牌的知名度和美誉度。

二、报业品牌风险和危机的成因

报业品牌的塑造需要调动内外部各种资源形成合力。同样，威胁、损害报业品牌发展，造成报业品牌风险和危机的因素也来自这些内外部资源。

（一）内部原因

1. 人员素质落后：理念确立、选题策划、采集编辑、审查把关、印刷发行、财务经营、人力管理，报业生产的每一个大的环节都离不开人的参与。人才资源是塑造报业品牌的重要因素，对报业生产各个环节的风险和危机都产生直接或间接的影响。报业人员素质落后，主要体现为政治敏锐性和政治鉴别力差、业务素质低下、专业精神缺失、职业道德缺乏。

2. 经营管理落后：主要表现在报业品牌经营管理的体制机制出现问题，造成管理理念陈旧、人力资源管理混乱、机构运转效率低下、采编等核心业务不规范，对政治风险和法律风险把握不足，管理者持“打擦边球”的心态等。

3. 技术更新落后：不能及时采用先进生产技术提高报业生产水平、满足受众需求、降低生产经营成本，特别是不能够关注社交媒体和移动互联网发展态势并推进报业生产创新，如在竞争对手普遍开设微博平台的时候反而不建，或者建设利用不规范。

（二）外部原因

1. 行业内不正当竞争：报业竞争对手间为独家新闻等进行的不正当竞争将引发公众形象危机。在报业品牌出现突发事件时，竞争对手对突发事件的不合理渲染会加速突发事件转变为危机。

2. 行业外危机牵连：一般企业在进行媒体危机公关时，报业作为新闻机构，价值判断出现偏差，反而引火烧身，引发公众连带的反感。

一般来说，引起报业品牌风险和危机的内外部因素往往是相互作用的，内部因素是主要原因。

三、报业品牌风险和危机的应对框架

（一）切实提高人员素质

提升报社新闻工作者和其他经营管理人员的风险意识、政治素质、业务素质和职业道德；特别是配备强有力的领导团队；及时补充和引入优秀人才；加强队伍建设，健全考评管理机制，淘汰不合格人员；强化人才培训培养、建设团队文化。

（二）强化多重校对和政治把关

进一步增强政治意识、大局意识和责任意识，明确职责，严格执行多重校对制度，强化新闻生产的把关。

（三）健全经营管理机制

加强内部管理和规章制度的建设，增强自律意识，推动内涵式发展，特别是从报社内容生产和经营管理的体制机制上加强对风险和危机的预防和干预，如建立长远的人才培养机制，打造良好的业务学习氛围，实行严格的保密管理制度等。

第四节　报业品牌健康管理模型和实施策略

综合上文分析，报业品牌健康管理模型应是一套对报业品牌风险进行全面监测，并在评估的基础上进行预警，开展品牌健康日常维护，在发生品牌危机后开展危机应对、健康修护的完整系统。该系统应体现以下价值指向：

一是以促进品牌健康发展、守护媒体公信力为最高目标。报业的一切

内容生产和经营管理活动都要围绕增强品牌生命力、促进品牌健康，以及守护媒体公信力这一目标展开。

二是以报业品牌风险监测、预防和化解为工作重点。与一般企业的“危机公关”不同，报业品牌健康管理重视做好品牌健康的日常维护，特别是加强对潜在风险的监测、预防和化解。

三是以报业品牌突发事件和危机的应对、处理为重要途径。由于报业品牌危机的突发性、偶然性、破坏性等特点，在品牌发生突发事件和危机时，要统筹机制、整合资源、形成合力，努力做好突发事件和危机的应对处理，及时修复受损的品牌形象、修正品牌发展战略，使品牌健康所受负面影响最小化。

按照“风险——突发事件——危机”的分析框架和演化路径，报业品牌健康管理模型涉及日常维护系统、风险监测系统、危机处理系统、品牌修复系统（图6-2），分别应采取相应的工作策略。

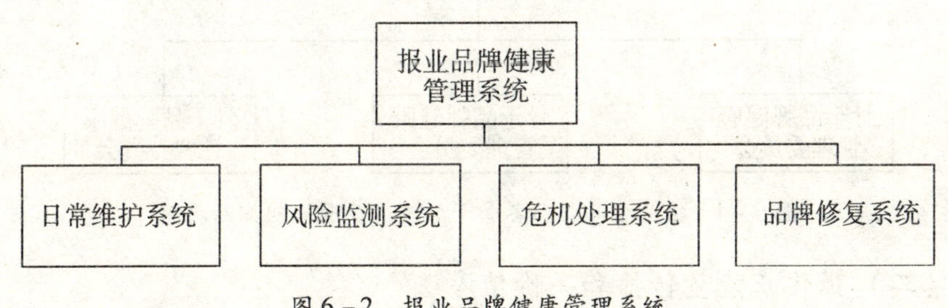

图6-2　报业品牌健康管理系统

一、日常维护系统

（一）建立品牌风险和危机管理机构

报社的一切理念和经营管理行为，都要围绕促进品牌生命力展开。要成立由报社党委书记、社长、总编辑等中高层管理人员和较高专业素质人员组成的品牌管理委员会，负责品牌发展规划，并统筹品牌风险和危机管理。之下设立品牌管理职能部门（如“品牌运营中心”），作为品牌管理委员会的常设执行机构。在此基础上建立相应的工作机制，建立以品牌驱动的业务流程管理体系、人才培养体系、绩效考核体系，建立报业品牌危机预案，开展危机反应培训和模拟演练。对于由主品牌和骨干品牌组成的多品牌运营模式，要相应建立主品牌和各骨干品牌的品牌风险和危机管理组织结构。（图6－3、6－4）强化品牌健康管理对全局的影响力，报社每一个重大战略举措，须有品牌健康管理的风险评估提供决策参考。

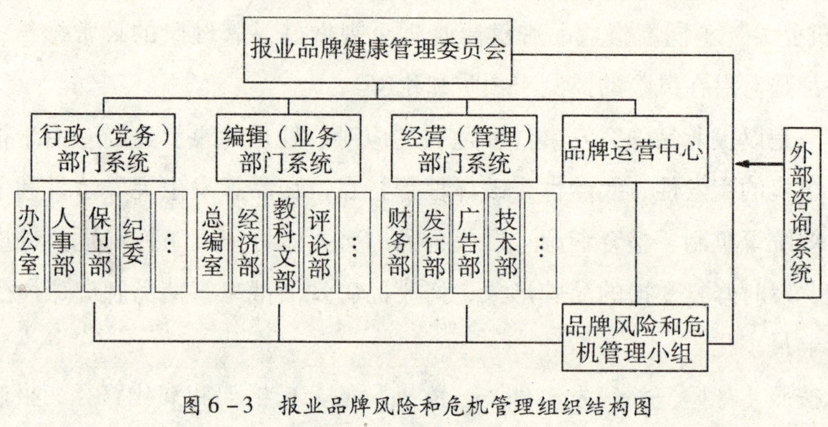

图6－3　报业品牌风险和危机管理组织结构图

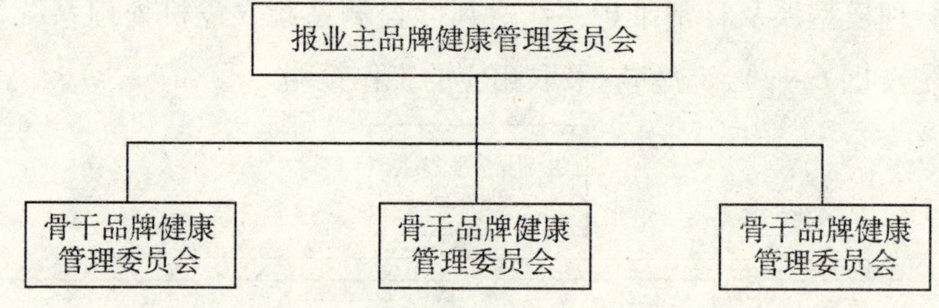

图6－4　报业主品牌和各骨干品牌健康管理组织结构图

（二）强化正能量传播和高价值渗透

奥美广告公司（Ogilvy & Mather）认为："品牌就是产品与消费者间的关系……品牌是一个商品通过消费者生活中的认知、体验、信任及感情，争到一席之地后所建立的关系。"① 中国品牌专家梁中国认为："在品牌消费时代，赢得消费者的心远比生产本身重要，品牌形象远比产品和服务本身重要。"② 因此，报业品牌的健康管理要特别重视品牌形象的日常维护，坚持正能量传播，传递品牌好声音，努力为受众留下良好印象，赢得社会公众的理解和信任。如加强品牌自身的创造力，或者开展承担社会责任的

① 转引自洪丽娟：《媒体品牌管理》，中国广播电视出版社2012年版。
② 转引自洪丽娟：《媒体品牌管理》，中国广播电视出版社2012年版。

公益活动、品牌理念推介，或者适当利用版面进行情感营销策划，讲述记者、编辑背后的奋斗故事，强化品牌的高价值渗透。

二、风险监测系统

（一）开展内外部环境监测

建立一套高灵敏、准确的信息监测系统，开展全程性、定期化、制度化、规范化的品牌健康体检。品牌管理职能部门要充分了解报社自身发展历史、现状和未来发展走向，充分熟悉自身的业务流程；同时，积极关注和审视外部环境，特别是政策法律、行业竞争、社会形势等，并建设传媒行业危机案例库。在此基础上，监测日常产品生产和经营管理的关节点，定期向品牌管理委员会报告监测情况。

（二）开展品牌风险评估

在日常监测的基础上，建立由报社内部人员、权威专家和受众组成的品牌风险评估小组，集合多维视角、经验和智慧，对潜在风险进行分析、归类，确定风险源，构建指标化的评估体系，评估风险的形成原因、影响后果、处理难度。

（三）开展品牌风险预警

按照防患于未然的原则，在品牌风险评估的基础上，分类分级地提出预警报告并提交品牌管理委员会，由委员会进一步研究后发布预警，并形成相应的应对策略，由品牌管理职能部门督办落实。在机制上，要坚持全程预警、全员预警、全面预警、观念预警等多维度结合。

三、危机处理系统

（一）品牌危机紧急响应

在品牌风险监测未明确发现、或者品牌风险预警未很好地处理风险的情况下，危机可能通过突发事件形成。在危机发生后短期，其他媒体往往会报道相关情况，党和政府部门会进行危机问责，广大受众了解报业品牌危机事件并通过社交平台造成危机的爆炸式扩散，报社内部人心惶惶。这就意味着，通过传播的介入，形成了一个由受众、当事人、政府和其他媒体等多种利益关系体构成的复杂体系，其他媒体此时构建了报业品牌危机的“拟态环境”。这一时期往往是报社最紧张的时期。在危机发生后，要尽快查清危机的来源和发生过程，尽可能减缓危机的蔓延和扩大，要坚持快速反应、主动、真诚的原则，第一时间正视并响应危机，明确本次危机的特别利益相关方，启动报业品牌危机预案。对于“第一时间”，品牌危机处理有“黄金48小时”原则，即危机发生后两天内不向公众响应，就会给公众留下品牌不负责任的印象。但是随着社交网络的发展，报业品牌对危机的响应必须更加提前。

（二）品牌危机内外部行动

按照报业品牌危机预案，要成立由报业品牌管理委员会统筹、品牌健康管理职能部门牵头、相关部门参与的危机应对小组并合理授权，制定危机处理目标和具体工作策略。报社高层负责与党和政府部门、以及危机特别利益相关方进行有效的风险沟通，第一时间调查、道歉和反省。[①] 危机应对小组负责做好具体工作，尽力提供全部情况协助党和政府部门调查，并做好与公众、其他媒体、内部人员等的联络沟通。在第一时间之后，对相关责任人进行合理的处理，对错误进行整改，并将信息及时向社会公开。通过一系列行动，在党和政府部门以及公众面前树立正视问题、敢于担当、勇于承担责任的形象。

四、品牌修复系统

（一）品牌修正和监督落实

危机得到妥善处理后，报社需进行内部整改，配套完善的监察机制，以重新树立品牌形象为近期目标。随后通过策划有影响力的活动，或者抓

① 报社在处理危机时要讲究策略，注意分寸。以“陈永洲事件”为例。长沙警方证实陈永洲被刑拘后，《新快报》报社绕开了通过合理渠道沟通、维权的路径，其应急响应是利用报纸头版连发两篇“请放人”的公开抗议，形成了报纸作为社会公器利用自身版面进行突发事件中自我炒作的局面，显见其危机应对机制的不成熟。

住重大新闻事件作为契机，向政府、公众呈现良好的品牌形象，弱化品牌危机带来的负面影响，并推动品牌的长远健康发展。

（二）品牌危机总结和成效评估

报业品牌的风险和危机管理是一个持续、综合、循环的过程。危机总结和成效评估是报业品牌健康管理的重要环节，对制定新一轮的报业品牌健康管理举措有重要的参考价值，品牌的健康指数是在不断总结和规避此前风险和危机的积累下逐步得到提升的。危机总结和成效评估的文本、数据要按照危机管理有关规范成为档案，进入数据库。报社要善于把危机当作品牌发展中的学习机会，努力使品牌在考验中成长壮大。

综上分析，构建报业品牌健康管理模型如图 6－5。

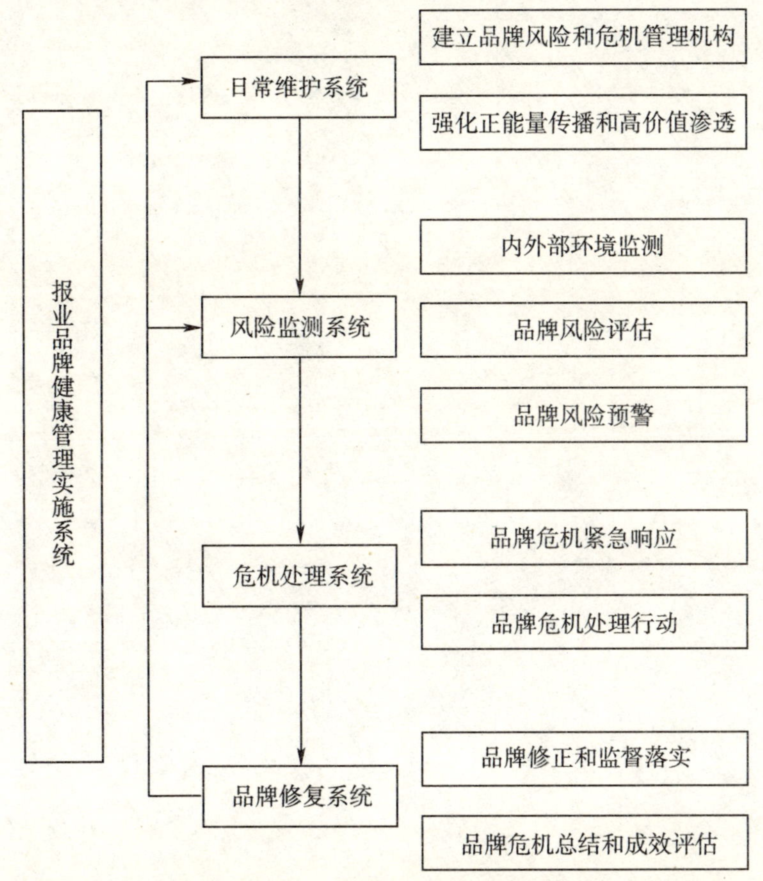

图 6－5　报业报业品牌健康管理模型

总之，随着“风险时代”的到来，报业品牌的经营管理环境日趋复杂多变，各生产和经营管理环节的潜在风险，都可能造成报业品牌的突发事件和危机。本章从“健康管理”的角度，对报业品牌健康管理，从风险和危机两个维度进行论述。强调报业品牌健康管理以增强品牌生命活力、促进品牌健康发展为最高目标，以报业品牌风险监测、预防和化解为重点，以报业品牌突发事件和危机的应对、处理为重要途径。进而分析了各子系统的关键点和各板块的实施策略。总体上说，报业品牌健康管理是一个持续、综合、循环的过程。

第七章 报业品牌团队与品牌文化建构

改革开放以来，新闻媒介如雨后春笋般的蓬勃发展。历经多年的大浪淘沙，能够为人所知，并且将其做成报业品牌的新闻媒介屈指可数。随着社会主义市场经济日益深入，当今的新闻媒介已经不能仅仅满足于生存这个状态，而应该更多地从自身的角度出发，在生存的基础上进一步谋求发展。目前，我国大多数地区中心城市的报业已经进入了买方市场。随着公众的注意力日渐成为稀缺资源，成为报业争夺的财富之源，报业的品牌塑造已经成为报业最重要的竞争战略。

在新闻媒介竞争激烈的今天，只执着于传统的媒介管理理念是远远不够的，发展才是硬道理。新闻媒介经过市场化、商业化浪潮的冲击，要实现经济效益和社会效益双赢，就必须从经济学、管理学的角度出发，把新闻媒介当作一个企业来管理，部署媒介经营战略，实现媒介品牌经营。站在宏观的视角上，从大局来把握新闻媒介的发展；站在微观的层面上，从细节入手，构建报业品牌，增强新闻媒介的影响力和竞争力，从而使新闻媒介得以可持续发展。品牌的背后是文化，品牌的支撑是团队。品牌是一个企业得以生存和发展下去的竞争力，而报业的品牌文化是一家媒体持续竞争力生生不息的根本保障。

第一节　品牌文化是报业品牌建设的归宿

一、报业品牌的内涵

所谓的报纸品牌，是指由报名、宣传语、报头标识、版式特征、报道方式、文字风格等构建起来的一种受众对报纸的认知关系。① 品牌不是媒介自身所能够做到的，而是由受众认同的。对于一份报纸而言，报纸的品牌体现在报纸在社会上的知名度、美誉度以及公众的忠诚度。因此，报纸品牌是一份报纸区别于另一份报纸的重要标志，也是报纸内在价值的外在表征。所以说，一份好的报纸的品牌蕴含着巨大的无形资产。②

在过去相当长的一段时期内，读者以新闻信息量、报纸的发行量等来评判报纸的优劣。而在新的竞争时代背景下，这些显然不能够满足人民群众日益增长的文化需求。新的一轮的报业竞争已经演变为报业品牌的竞争。随着报业市场的成熟以及品牌消费时代的来临，品牌已经成为报纸的整体识别标志，是彰显自身核心竞争力的关键因素。③

如表 7－1 所示，由博思数据整理关于“2013 年中国报纸十大品牌排行榜”。我们可以看出当今的报业竞争已经成为报业品牌的竞争，我们对中国报业发展的认识已经不能停留在过去的层面，而应该把报业品牌作为媒介经营的中心环节。品牌是影响力，品牌是凝聚力，品牌是竞争力，品牌战略在报业整合发展中居于统领和先导地位。

---

① 赵泓:《媒介品牌传播学》,中国社会科学出版社 2012 年版,第 115 页。

② 邓翔、王洋:《品牌理念与品牌打造策略》,《新闻界》2003 年第 2 期。

③ 薛可、余明阳:《媒体品牌》,上海交通大学出版社 2009 年版,第 177 页。

图 7－1　　2013 年中国报纸十大品牌排行榜

参考消息	新华社主办的一份独特的报纸，与环球时报同为中国大陆唯有的两家能够合法直接刊载外电的报纸，新华通讯社
人民日报	（创刊于 1948 年，中国共产党中央委员会的机关报，与新华社及中央电视台，并列为官方三大喉舌的传媒）
环球时报	（国际新闻报纸创刊于 1993 年，海外媒体转载最多的中国媒体之一，国内最具投资价值媒体报纸，人民日报社主办）
南方周末	（创刊于 1984 年，中国深具公信力的严肃大报，是中国发行量最大的新闻周报之一，十大品牌．由南方报业传媒集团主办）
南方都市报	（南方报业传媒集团所属系列报之一，面向广东省的珠三角地区的群众所创办的综合类日报，南方报业传媒集团）
中国青年报	（创刊于 1951 年，中国共青团中央机关报，具有重大影响的一份全国性综合性日报，十大名牌报纸，行业著名刊物）
齐鲁晚报	（山东省惟一的省级晚报，于 1988 年创刊，山东发行量/影响力最大的报纸，都市类媒体极具影响力，大众报业集团）
新民晚报	（创刊于 1929 年，中共上海市委直接领导的面向广大市民的综合性报纸，中国大陆最早跨出国门的晚报之一）
体坛周报	（于 1988 年长沙，全国性周报，国内发量最大的体育报纸，极具影响力体育类报刊，湖南体坛文化传播有限公司）
楚天都市报	（湖北日报报业集团主办的一份面向市民的综合性日报，湖北全省发行量最大的日报之一，湖北日报传媒集团）

二、品牌文化的内涵

品牌是企业市场营销的一个概念。根据市场营销大师菲利普·科特勒博士的定义，品牌是名称、名词、符号或设计，或是它们的互相组合，用来识别某个销售者或某群销售者的产品或劳务，并使之同竞争对手的产品或劳务区别开来。①

① 数据来源：http://baike. baidu. com/link？ url = msJ5gb9az6O － DImiqYpHW _ ZPvBstQrMgJVSTsfGoG5OheHc66t5Ct1uc8fw970Fo 最后访问时间：2013－12－10。

品牌文化就是指通过建立一种清晰的品牌定位，赋予品牌一定的精神内涵和价值，并且通过内外部不同的手段传播品牌的文化，从而使受众形成对该品牌的认可和信仰，培养一定规模的忠诚受众群体，为扩大企业的影响力奠定深层本质的基础，实现企业稳定发展，形成可持续的竞争力。

凤凰卫视董事局主席、行政总裁刘长乐说过："品牌与文化是相互依存、共生共荣的天然关系。品牌的竞争实质是通过品牌所倡导或体现的文化来影响或迎合公众的意识形态、价值观念和生活习惯。从这个意义上讲，品牌是靠喝文化的乳汁生存与壮大的"。[①] 也就是说，品牌文化是在品牌的创立、发展和成长的过程中潜移默化形成的，它是"品牌"和"文化"的有机融合。

文化是一个宽泛的含义，曾经很多人都在试图给文化下定义，但是下这个定义是艰难的。文化不像字典上对于温度或者精制食盐下定义那样的精确。例如，食盐是一个钠原子和一个氯原子构成的。文化和爱一样的抽象，只体现在与其含义相对的几对关系中。如爱的反义是恨，而文化的反义是混沌。文化之所以称之为文化，就在于其不同于混沌那样仅仅只是一种容易消失，道之不明的东西，而是一种明确的根植于人们心中的难以改变的根。也就是说文化的属性是一种非强制性的影响力。[②] 只有当品牌成为一种文化的时候，才能对受众的心理产生根深蒂固的影响，从而形成对于该品牌的忠诚度。

品牌主打造品牌的过程，是企业管理者和其团队彰显企业文化的过程。当一个品牌有了自己的文化，就如同将一个品牌人格化。人格化后的品牌作为一种企业的文化载体，承载着企业文化独特的精神内涵。随着报业的竞争日益激烈，价格战、规模战已经成为过去式，唯有进行报业品牌经营才是报业发展的长久之计，也唯有建构报业的品牌文化才是保障发展持久性的基础。所以，品牌文化建构是报业品牌的归宿。

---

① 刘长乐：《品牌文化力是锻造强势传媒的利器》，2005 年 9 月 25 日在南京大学的演讲。
② 张俊伟：《极简管理：中国式管理操作系统》，机械工业出版社 2013 年版。

第二节　报业品牌文化建构的方向及内容

塑造报业品牌，就是扩大报业的影响力。媒体工作千头万绪，中心一环，是营造影响力。一个传媒集团，可能有多种媒体，多种产业，有一套复杂的管理和服务机构，但中心工作，也是围绕做好影响力这个核心展开的。唯有做好影响力这个中心环节，才能为品牌文化的形成奠定忠实的受众基础。而影响力就是品牌文化所传递的特有的精神价值。

报社作为一个报业的代表，报社的形象和企业的文化影响着报业品牌文化的建构；报纸作为报社面向社会读者提供的最终产品，每家报社报纸的内容和形式千差万别，风格各异，是报业品牌文化建构的重要基础；报业的品牌团队作为整体形成报社的对外形象，作为个体发挥着自身不可替代的作用，从方方面面塑造着报业的品牌形象，从而为品牌的文化建构奠定基石。

因而，报业的品牌文化可以从两个方向来建构。如图 7－2 所示，报业品牌文化是由报社内部层面和报社对外层面两个方向来建构的。其中，从报社内部层面来看，主要是形成以报纸核心品牌理念为主的内部品牌文化；从报社对外层面来看，主要是从报社、报纸和团队建设三个方面来建构报业品牌文化。

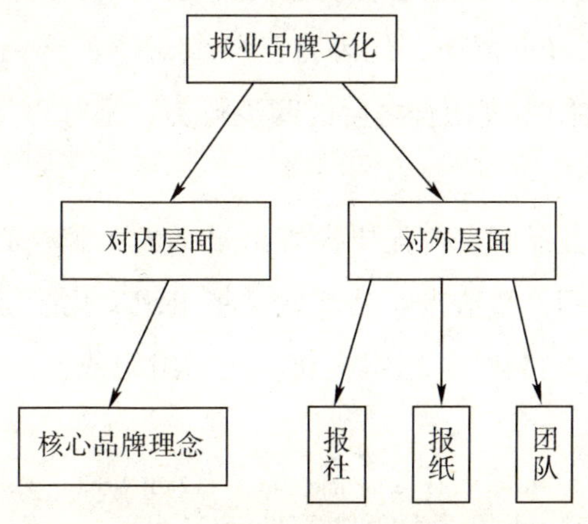

图 7－2　报业品牌文化结构图

一、报社内部层面

从报社的内部层面来看，形成以报纸核心品牌理念为主的内部品牌文化是塑造报业品牌文化的灵魂。

品牌文化的核心是文化内涵，即品牌所蕴含的深刻的价值内涵和精神内涵，也就是所凝炼的价值观念、审美情趣、生活态度、个人品味等精神象征。[①] 品牌主打造品牌的过程，就是管理者和其团队彰显企业文化的过程。当人们说起自己喜爱的产品时，首先浮现在脑海里的或许是产品的外观、包装及鲜明的特征，但是为何喜爱这种产品？更多的应该从心理层面来解释。品牌文化是产品的物质效用和精神效用高度统一的结果，而产品的精神效用是品牌文化的灵魂。

亚洲品牌专家伊恩·贝蒂对品牌元素的构成有一段精辟的陈述，他认为，品牌是由三部分组成：本体、灵魂和意识。本体是变化的载体，它代表着你所供应的实物，以及持续进行的产品开发和改进。品牌灵魂代表你所供应物品的情感，它通常是根深蒂固的，反映着品牌的独有个性、特点和文化。所谓意识，作者又称之为良心，是作者所希望的产品在环境、生态、社会方面的责任。[②] 对于消费者来说，之所以喜爱该产品，除了该产品所具有的质量、性能、包装等物质效用以外，更多的是选择一种生活品味，一种生活方式，一种生活态度。他们所购买的并不是一件简单的产品，而是一件彰显自己审美情趣、代表自己价值观念的产品，是一种在“产品”和“品牌”之间高度融合之后的购买行为，是对心灵归属的追逐和对内在情感的释放。

所以，塑造报业品牌，首先要提炼出报纸的品牌核心理念。对于报社而言，作为一个组织，塑造报业品牌就是将组织文化凝炼成报纸的核心品牌理念，将品牌“人格化”。组织文化，是指组织成员的共同价值观体系，

---

① 数据来源：http://baike. baidu. com/link? url = dLZaRBWGpOOfekzhcKf - W3uhay3Vw1ejmUp037vu1aIOBL61KyLuAFWewg0Ipqnk 最后访问时间：2013 - 12 - 10。

② 朱立编著：《品牌的革命》，云南大学出版社，2001 年版。

这使得组织独具特色，并区别于其他组织。这影响着组织发展的航向，展示着组织的公众形象，是组织发展的根。报社的品牌文化具有一般企业所不具备的特点：它要向社会公众表达自己对社会事件的价值判断，表明自己的立场和态度。这种价值判断和立场态度实际上构成了媒体品牌文化的核心。[①] 这种核心理念包括编辑理念和经营理念。这些都体现在以下几个方面：第一，媒体价值观的高度认同；第二，新闻理念的统一；第三，新闻标准的统一；第四，新闻原则或规范的统一；第五，采编行为的统一。

首先，对媒体价值观的高度认同，即对报纸核心品牌理念的认同，是建构报业品牌文化的基础。由于每个人的价值观不同，立场不同，社会地位不同，对组织的愿景在很大程度上有着明显的偏颇，为了使得整个组织持续高效运转，并最终落实到组织日常的具体行动中，就必须建立一个组织目标，即明确组织的共同愿望和目标，让组织内部的成员明白什么能做，什么不能做，什么应该做，什么必须完成。例如南方报业传媒集团下属的报刊，《南方日报》的品牌核心理念是“高度决定影响力”，以高质量的主流新闻和深度报道铸就大报风范，以此来树立自己最权威的形象；《南方周末》的品牌核心理念是“记录时代进程”，与全国读者共同分享生存的智慧、发展的智慧，新闻和时评以纵深见长；《南方都市报》的品牌核心理念是“办中国最好的报纸”，拒绝平庸，追求卓越，在“传播信息，提供资讯，引导消费，服务生活”方面有口皆碑。这些报刊都以其鲜明的品牌个性立足于中国报业市场，在其所属的报刊领域范围内享有一定的声誉。[②]

报纸的核心品牌理念的提出，并不是一句单纯的口号或者符号象征，而是需要得到组织成员的高度认同的。唯有如此，才能使组织朝着一个统一和谐的方向发展；也唯有如此，才能使报纸的核心品牌理念最终落到实处，并且成为一种组织内部的规范标准延续下去。

---

① 薛可、余明阳：《媒体品牌》，上海交通大学出版社 2009 年版，第 168 页。

② 数据来源：http://doc. mbalib. com/view/324ed31c5603ec4fe971bb223748b0e5. html 最后访问时间：2013－12－10。

其次，报纸的核心品牌理念只是涉及理论层面，还需要以凝炼出来的“品牌核心理念”作为中心思想，对组织文化进行表层建设，将“文化制度化”。媒体的文化制度与其他的制度不同的是：处处必须体现着媒体的组织文化，并且蕴含一定的价值观念和企业文化内涵。报纸的品牌文化的建构离不开报社内部的制度建设。报社成员在制度的指导和引导下，经过长期的实践工作，深化对组织文化的认同。如对新闻理念、新闻标准、新闻原则或规范、采编行为的统一就是将“报纸的品牌核心理念”具体化、制度化，以制度规范组织成员的行为，是报纸品牌核心理念的外化。例如，国外的媒体都有统一的新闻采编规范，像美联社、《纽约时报》等媒体，采编手册很厚。采编手册，作为新闻人的工作规范，是媒体多年的工作经验总结，是组织群体的共同价值观，并且作为一项规章制度，要求刚进入的成员必须先学习手册上的内容。它使得媒体的组织文化不再依靠口口相传，同时也作为一种标准，规范着组织成员的日常行为，将其运用到实践中去，从而建构了报业的品牌文化。

当品牌理念最终不再是象征符号，而是蕴含到报社日常的工作行为中去，就形成了一种内部的组织文化，反过来，这种文化又指引着组织成员的行为，转化成一种报社内部的自觉行为。让文化实现从理念到行动，从抽象到具体，得到员工的理解和认同，转化为员工的日常工作习惯。①

二、报社对外层面

报业的品牌文化并不是虚无缥缈、不可捉摸。品牌文化是一种持续的影响力，是围绕着“品牌”而展开的，从“品牌”辐射出去的力量通过多种渠道传达到特定的受众目标，并在特定群体产生一定的效用，吸引了受众的眼球，从而影响其判断，推动其行动，并最终使其成为该品牌忠实的群体。从报社的外部层面来看，报业的品牌文化建构，还得益于报社、报纸和团队的相互影响，相互协调。

① 薛可、余明阳:《媒体品牌》,上海交通大学出版社 2009 年版,第 169 页。

文化是人创造的，并最终影响人们的思维方式和行为规范。报业品牌文化建构的背后是人的行为。所以，研究报业品牌文化的建构应从三个方面入手：报社、报纸、团队。在这其中，人是主导因素。

（一）报社引领社会风尚

行为科学的代表人物梅奥·罗特利斯伯格提出“社会人”的概念，认为人除了追求物质之外，还有社会心理方面的需求。品牌文化的建构，能够使消费者在享用商品所带来的物质利益之外，还能有一种文化上的满足。而报社就应该引领这种大众文化。

在过去的一段时期内，新闻媒介曾经没有新闻自由，仅有宣传传播的功能。随着社会的发展，有些新闻媒介为了生存和发展，不惜降低自己的报格，迎合大众的低级趣味，大量地报道虚假不实、低俗媚俗的新闻，在一定程度上损害了报社的形象。事实证明，只有端正自身的态度，引导社会风尚方能长久发展。

报社作为一个整体，·个企业，应该如同企业管理一样确立自身的发展战略，站在发展的制高点，在体制的框架里部署战略，实现报业的品牌经营。确立报社自身的企业文化，并将企业文化与报业的品牌文化相关联，找到一个契合点，从而为打造报业品牌文化提供坚实的后盾。报社是以报立社，是文化单位，是舆论阵地，是精神产品生产者。离开了这些，报社就不称其为报社了。

中国近代报业的发展起源于外国人办起第一批报纸，先后历经政论报纸、政党报纸、党报和都市类报纸并存等主要阶段。随着改革开放的日益深入，报纸的功能不断丰富。报纸不仅具有意识形态属性，在此基础上，其产业属性正在得到充分体现。报社应该作为大局的掌控者和战略的制定者，从整体出发，为媒介经营制定出宏观的发展规划。

进行品牌文化的构建第一步就是进行报业品牌定位。随着市场细分和受众对于精神的要求逐步提高，受众已经被细分成许多不同的类别。不可能有一家报纸能够一网打尽，涵盖所有的消费群体。只有进行品牌定位，找准目标消费群体，才能进行有效的媒介经营。

其次，办报注重报格。能成为大报，并且使之成为品牌的报纸，都是负责任的报纸。报格也是报纸品牌文化的一个很重要的诉求点。1909 年，史量才在接收《申报》的时候，特别强调了一句话："国有国格，报有报格，人有人格。三格不存，国将非国，报将非报，人将非人。"报格体现在报纸的社会责任，体现在新闻报道的公信力，体现在报人的采访和编辑作风。报格是报纸的生命力所在。[①] 尤其随着市场经济影响加剧，报格还体现在对义利关系的处理上。一方面，报社生产的是精神文化产品，以提供信息、服务大众为己任，必须注重社会效益；另一方面，报社发展文化产业，与商业、经济联系紧密，为了报社的生存与发展，又必须重视报社的经济效益。其实，大部分时候两者并不冲突。当二者产生矛盾的时候，经济效益必须服从社会效益，做负责任的社会环境的瞭望台。

最后，报社应该转变发展机制，积极鼓励任何有利于报社发展的创新形式。注重与国际、社会接轨，提炼最精确的文化内涵，为广大的社会群众提供喜闻乐见的新闻，引领社会风尚。同时，报社不应因循守旧，一成不变，而是应该随着时势的发展，转变文风。要想在内容为王的当今社会占领一席之地，就必须在内容上狠下功夫，使得新闻朝着更加贴近群众、贴近实际、贴近生活的方向发展。

报社作为一个整体，所代表的组织文化最终通过一系列的规章制度和具体行动展现出来。报社的风格为报业品牌文化的建构奠定了一个基调和框架。

（二）报纸丰富品牌文化

新闻媒介的产品是报纸，报纸具有商品属性。从这个意义上说，报纸不再是一张没有生命力的纸，而是一份塑造报业品牌文化的决定力量。

从内容方面来看，报纸的内容决定一家报社的成败。报纸不再是宣传工具，更多的是具有向社会大众提供信息服务的功能。陈旧的内容要改，不实的内容要改，煽情的新闻要改，虚假的新闻要改。我们来看一个央视

---

① 傅绍万:《报社、报人与成长成才》,转引自"在队伍建设年活动培训讲座上的讲话。"

的案例。从媒介角度入手，央视作为龙头老大，在转变内容报道方面率先做出了尝试。从“你幸福吗”到“你的梦想是什么”，我们可以看到央视在转型方面做出的努力。央视从国庆节假日第一次推出的“你幸福吗”的街头海采，出乎意料地引发了全国人民的热议。

在报道之初，有些人认为这个议题本来就没什么可说的，是一个伪命题；有些人认为看看街头的百姓对于这个问题的调侃真的挺有意思的；有些人认为央视估计没怎么想到被采访者们出其不意的答案；也有人认为央视这回是哑巴吃黄连，有苦说不出了。

中央电视台新闻中心副主任杨华在第十三届全国电视新闻通联会上的发言表示，其实当初他们的想法很简单，只是纯粹地想节假日期间应该按节假日的报道模式来出招出牌，所以便在十八大到来之际到街头小巷去了解老百姓们最真实的想法。

“你幸福吗”成为了中国好幸福，成为那段时间听到最多的声音。或许是因为这类直接明了，直触人心的问题太少太少了。

如此的赤裸裸，如此的难以回避，如此的难以让人脱口而出。当被问到这个问题的时候，每个人都在认真思考，我幸福吗？

有人说，现在物价上涨，房价上涨，医保难，教育难，工作压力大，上班堵车，环境不好，挣的钱还不够花的，我怎么会幸福？

有人说，我顺利完成了学业，找到了工作。我的家人如今都健康平安，与身边的人相处愉快，社会和谐，祖国昌盛，我很幸福。

当全国两会的政府工作报告把“提升人民的幸福”写进去，18个省在开省两会时也写入了“提升人民幸福指数”。幸福感已经开始成为衡量一座现代城市的指标。国家也已经开始把关注层面从物质方面的温饱满足转移到精神层面的人文关照。

这类的问题没有统一答案，每个人都是一个独立的意见主体，特别在网络时代，每个人面前都有一个属于自己的麦克风。无论国家发展得好抑或是不好，幸福与不幸福都是相对而言的。

在几十年前的人们绝对想不到今天的情形，过去人民有着简单的幸福追求，那就是三餐温饱。随着日子步入正轨，人们已经不满足于吃饱穿暖，而是必须活得开心，不然生活又有什么意义呢？欲望永远没有终点。生活过得越来越好，这是有目共睹的。

"你幸福吗"或许只是一个开端。我们应该看到的是在这以后，这样直触人心、直击真实的报道已经越来越多。这也是央视新闻联播转变的体现，对于这样的转型，我们应该给予鼓励。

央视在转变报道内容方面为新闻方式创新提供了借鉴。作为纸媒，报纸的内容依旧是工作的中心，这是在任何情况下都必须遵守的准则。努力把握社会发展规律、政治政策走向，从而更深刻地把握媒体不同于以往的历史方位和社会担当，更新新闻理念，提高能力水平，做有深度的、负责任的，贴近实际的、贴近生活的、贴近群众的报道。

报纸版面作为一种语言，直接作用于读者，让读者形成一种主观的感受，影响着报业品牌文化的形成。报纸应该在长期的摸索中形成自己独特的版面风格，使读者一闭上眼睛立刻能对报纸有一个清晰的感知。每家新闻媒体应该有自身独特的办报风格，有的报纸版面严肃端庄；有的报纸版面俏皮多变；有的报纸版面框架清晰；有的报纸版面色彩丰富。而这些都最终通过读者的眼睛在其大脑里形成一个对于该报业品牌的一个直观形象，这个形象就是当看到这份报纸就想起该报业；当看到该报业的品牌，脑海里就浮现出报纸的模样。例如，《纽约时报》的版面朴实大方，清新易读，整个版面朴实无华却又仪态雍容，自有一股高贵的气质，使《纽约时报》严谨稳重的风格得以延续；《今日美国》开创了报纸以信息量大、视觉冲击力强和图表传布新闻信息的先河，宣告了"读图时代"的到来；改版后的《泰晤士报》更为小巧，更富有灵性，给人以更强烈的美感。[①] 这些视觉冲击都最终通过读者的眼睛进入大脑，是报业品牌文化的外化，同时成为报业品牌文化的一个符号象征。

由此看来，媒体的工作中心是做内容。内容是影响力的关键因素。同

① 甘险锋：《当代报纸编辑学》，中山大学出版社，2011 年版，第 243 ~ 244 页。

时，内容编排做好了，可以使影响力更强。各方面的影响力最终形成一定规模的效应，作用在受众的身上，形成独具特色的品牌文化。

第三节　报业品牌团队建设

报业品牌的经营需要一个好的团队来实施。团队是一种为了达成某种目标而由相互协作的个体组成的正式群体。事实证明，一个优秀团队的协作能力远远比个体行动要高得多。特别在当今多变的社会环境中，灵活多变的团队比传统结构的部门的运作效率更高效，更容易适应多变的环境，并且能够及时地对外部世界的变动做出调整。同样，媒体的经营也需要这样的团队来保证。为了实现某一共同的目标，集中整个团队的人力、物力、财力，运用集体智慧来完成这一目标。媒体作为特殊的组织，在进行报业品牌文化建构的过程中，需要不同优秀团队之间相互的协作来完成。

办一流报纸，就必须有一流的人才队伍。报业品牌的文化建构，其最终影响因素在于背后的品牌团队。人是第一生产力。

一、基本团队

记者是基本的品牌团队。

报社首先要办报，所以要有办报人才。报社要塑造报业品牌文化，所以需要有品牌团队来实施。具体讲就是名记者、名编辑、名评论员，业务带头人。报社要发展文化产业，要经营，需要经营人才，或者说职业经理人。报社这么大个摊子，还需要管理人才。报社的经营管理有自己的规律性。就是：报业是文化产业，报社的经营是以报纸为中心展开的。把报纸办好，把内容做强，做出影响力，才能创造发行量，才能吸引广告，为经营搭起平台，为经营工作者发挥才能创造舞台，[①] 最终形成报业品牌文化。

记者严格遵守报业内部的文化制度，在媒体价值观、新闻理念、新闻标准、新闻原则或规范、采编行为统一的基础上，通过日常具体的可操作的活动，为达成组织制定的统一目标而努力着，最终这些行为将形成一种自觉行动，沉淀为组织内部的文化，即报业品牌文化。

首先，记者以其自身的新闻媒介素养，敏感的政治意识，过硬的业务水平来保证报社的日常基本活动的实施。政治强，业务精，作风过硬，成了衡量优秀记者的标准。真正优秀的记者是具有“政治家办报”的敏锐性，能够在第一时刻紧随社会政策动态，并撰写出优秀稿件的报人。这是保证报业品牌文化建构的基本业务基础。

其次，记者不同于社会的其他工作者，优秀的记者应该具有一种崇高的责任意识，为人民服务。比如大众日报社老一辈大众报人就是怀着一种救国救民的崇高责任走进新闻队伍的。第一任社长刘导生是北京大学的学生，第一任总编辑匡亚明是上海大学的学生，他们怀着赶走日本侵略者，解放劳苦大众的理想，脱去了长衫，从大城市走进了沂蒙山，甘于吃苦受累，不怕流血牺牲。和平年代，环境变化了，条件不同了，对人的要求也不同了，但是责任意识仍然是新闻工作者成长成才的动力之源。新时期的好记者陈中华之所以做出了不同于常人的事迹，也是靠了这种一脉相承的崇高责任。这使他不管年龄如何变化，不管职务如何变动，不管岗位如何调整，不管身患重病的折磨，始终如一地用手中的笔，为社会和大众奉献光和热。要始终做到勿忘责任，勿忘人民，永远与人民大众在一起，永远保持对新闻工作的激情和奋斗的不竭动力。这些独特的精神最终都会汇合成一股精神洪流，成为一家报社区别于其他报社的独有特点。

二、专业团队

报业品牌文化的建构需要专业团队的协助。

---

① 傅绍万:《报社、报人与成长成才》。

中国的报业市场，在经历了改革开放以来的数轮高速成长之后，正在进入分化发展、整合突围的新阶段，从而成功实现转型，增强综合实力。我们对中国报业发展的认识已经不能停留在过去的层面，而应该把报业品牌作为媒介经营的中心环节。品牌是影响力，品牌是凝聚力，品牌是竞争力，品牌战略在报业整合发展中居于统领和先导地位。

品牌运营是指企业利用品牌这一最重要的无形资本，在营造强势品牌的基础上，更好的发挥强势品牌的扩张功能，促进产品的生产经营，使品牌资产有形化，实现企业长期成长和企业价值增值，它是从产品经营、资本运营发展而来的，是企业以品牌为核心所做的一系列综合性策划工作。[①] 随着市场竞争的日趋激烈，我们的目光显然已经不能局限于过去对于媒体运作的认识，记者作为报业品牌的基本团队也只是停留在采编的层面上，作为一种特殊而又专业的综合性策划工作，媒体的品牌经营需要专业团队的协作。

报业作为特殊的行业，如果是让不熟悉报业的发展历史，不熟悉报业的运作流程的人来管理，结果可想而知。首先，团队的创立者或者继任领导者应该具备基本的新闻素养。报业品牌文化的形成往往是和其团队的管理者的办报理念、价值观念、经营思路有着紧密的关系。卓越的团队管理者是卓越的品牌文化的人格化，报业品牌文化的建构需要团队管理者的身体力行。所以，从某种意义上来说，团队的管理者是报业品牌文化的塑造者和推动者，必须熟悉报业流程，熟悉报业的发展现状，才能在多变的市场环境中做出正确的决策。

其次，报业品牌文化的团队成员必须也是熟悉各种管理制度以及报业机制的专业人才。媒体作为典型的知识型文化产业，具有更新快的特殊性，为了紧跟时代的步伐，成员必须及时更新自己的新观念，定时进行学习培训。定期的学习培训能有效地提高整个团队的运作效率。在知识经济的时代，团队成员必须具有足够的专业知识的储备，接受更新更快的知识，才

① 数据来源:http://baike. baidu. com/link? url = TVv6ZvGgyui8jzsqch1ftFF5zEcl9dYHBO6l6Nw2owAg_kU2VkslfOHNKVmUZO0W 最后访问时间:2013 - 12 - 10。

能使报业在激烈的竞争中处于不败之地。

三、协作团队

报业品牌文化的建构还需要其他协作团队的帮助。在团队建设中，团队的联合有利于专业化的分工，增强组织的市场反应能力。尤其在现代激烈的市场竞争中，团队之间的强强联合才能提高效率，使得团队各自发挥自身的专业优势。由于团队的每一个的能力不同，手中掌握的资源不同，擅长的领域也不同，加之团队与团队之间本身也存在着区别，所以通过团队之间的协作可以避免重复性的工作，更好更快地完成任务。

“人民日报校园行”活动走进复旦大学后，两家签署合作协议开设课程，开启了人民日报和复旦大学的媒校合作、强强联合的新模式。通过由复旦大学新闻学院开设的全国高校中第一门专门的“《人民日报》研究”课程，面向学生授课。人民日报副总编、复旦大学兼职教授谢国明为200余名学生上了第一讲。此后，复旦将不定期邀请人民日报的资深记者或编辑赴新闻学院访学并为学生授课，这是新闻人才培养的一种新尝试，也是报社通过与高校的合作，利用高校的教学平台，向未来的新闻从业者传播自身的组织文化。

除此之外，报业的品牌团队还可以通过对外合作与交流，与政府、企业及其相关的专业品牌研究机构和传播机构等进行协作，共同做好报业品牌的发展。

我们可以看到，历经改革后的中国报业，一方面有相当一部分处于艰难支撑的境地；另一方面，已经出现了人民日报、南方报业、解放报业、大众报业等多家具有较强实力和品牌影响力的报业集团。与此同时，报业更面临着来自于网络、手机、移动媒体等新兴媒体的冲击。因此，积极地、主动地迎接新媒体的挑战，借助国家文化体制改革的有利契机，实现向资本化、数字化的全媒体传媒集团转型，正在成为报业集团发展的主攻方向。报业集团正在朝着塑造品牌的方向发展，品牌文化是品牌的核心灵魂，是媒介品牌经营的一个关键的步骤。

在当今中国的报业市场，过去的管理机制已经不再顺应时代潮流的发展，而是应该用变化的、发展的眼光去看待这一瞬息万变的市场。把报业当作一项产业来经营和管理已经不再陌生，更多的应该让这种媒介经营成为常态，塑造人们的品牌意识，打造报业品牌文化。

在品牌文化的建构过程中，报社、报纸、团队都在不同程度上为报业品牌文化的打造贡献出自己的一份力量。品牌的背后是文化，品牌的支撑是团队。人是第一生产力。在一种文化的形成中，人起着关键的作用。所以，品牌文化的建构应该将品牌与人紧密地联系在一起，其实就是人和社会、人和人和谐地相处。人创造品牌文化，文化反过来影响人。

第八章 党报品牌运营实践探索——以大众日报为例

大众日报是中共山东省委机关报，至今已经有70余年的办报历史，是我国报业史上连续出版时间最长的报纸之一。

经过几代大众报人的努力，如今的大众报业集团已经成为一个以大众日报为旗帜与核心，拥有18张报纸、5份期刊、多家网站，报刊种类齐全、宣传力量强大、经济实力雄厚、产业功能完备的现代化报业集团。

当前，我国的报业已经快速进入品牌经济阶段，报业的竞争更突出地表现为报业品牌的竞争，报纸的公信力、影响力和整体盈利能力都集中体现为报业的品牌力。谁抢先发动品牌引擎，谁将获得竞争优势。

大众日报在国内党报中较早设立品牌运营专门机构。2009年4月大众日报品牌运营中心正式开始试运营。2010年1月正式成立大众日报品牌运营中心，经过几年的摸索运营，大众日报品牌运营着实探索出了一些提升党报品牌影响力和知名度的方式方法。

大众日报品牌运营中心承担着对内对外两方面的职能，对内运营报纸自身品牌，对外为社会客户提供增值服务。依托大众日报的权威、公信和影响力，大众日报品牌运营中心充分发挥大众报业集团的品牌优势、人才优势和高端政商资源优势，以“整合资源、创造财富、塑造品牌”为宗旨，以新闻发现价值，以活动放大价值，以策划服务提升价值，擦亮党报品牌，服务地方经济社会建设。

第一节 新闻发现价值

与其他专业品牌机构不同的是，大众日报品牌运营中心立足大众日报这样的党报媒体从事品牌运营，最大的优势就是对新闻资源的占有和社会热点的把握。以新闻的视角发现价值，通过新闻策划凸显党报品牌，是这几年来探索的一个重要方向。

顺着这一思路，大众日报品牌运营中心结合省委省政府和各地市的工作重点，在新闻报道和新闻事件中发现热点，策划了一系列有影响、有价值的新闻选题，其中包括围绕山东半岛蓝色经济区建设开展的系列报道和活动，第四届中国生物产业大会的报道和围绕国家战略性新兴产业的系列活动等。

一、山东半岛蓝色经济区高峰论坛

2009 年 4 月，胡锦涛同志视察山东时，明确提出打造“山东半岛蓝色经济区”的要求，对山东省把握世界海洋经济发展新趋势，拓展陆海发展新空间，引领陆海一体科学发展新实践，确立山东省在全国发展大局中的战略地位，具有重大指导意义。之后，全省上下认识到位、行动迅速、积极作为，方方面面协调配合，根据自身优势和特色，统筹联动，一股科学定位、突出重点、抢抓机遇，加快山东半岛蓝色经济区建设的强大合力涌动齐鲁。

在此背景下，以“构筑半岛蓝色经济区，打造跨越发展新坐标”为主题，由山东省委政策研究室、山东省发展和改革委、山东省海洋与渔业厅、山东省社科联、山东社会科学院、山东大学和大众报业集团共同主办，青岛、东营、烟台、潍坊、威海、日照、滨州 7 市协办，大众日报品牌运营中心具体承办的“山东半岛蓝色经济区高峰论坛”

于当年6月27日在济南举行。

与会领导、专家和学者，从蓝色经济区的功能定位、优势产业取向、推进步骤以及协作机制等方面进行深入探讨，认为“山东半岛蓝色经济区”构想的提出，是提升山东海洋产业层次、优化对外开放布局、率先探索发展蓝色经济新模式与新途径的重大契机，是构筑山东沿海区域经济发展“新坐标”的主导力量，必将成为推进经济文化强省建设的强大动力。

此次活动，有力地推动山东半岛蓝色经济区的建设，为山东半岛蓝色经济区上升为国家战略提供了有力的智力支持。活动本身也被写入“山东半岛蓝色经济区上升国家战略大事记”。

图8-1　山东半岛蓝色经济区高峰论坛现场

二、“蓝色经济大家谈”系列活动

蓝色经济区建设牵动全省上下，蓝色经济发展热潮涌动齐鲁。在成功举办山东半岛蓝色经济区高峰论坛的基础上，山东省委宣传部、山东省蓝色经济区建设办公室与大众报业集团联合主办“蓝色经济大家谈暨半岛市长论坛”活动。

首届“蓝色经济大家谈暨半岛市长论坛”活动，是在胡锦涛同志视察山东半岛讲话一周年的背景下，作为山东省推动半岛蓝色经济区上升为国家战略的一项举措召开。活动于 2010 年 5 月 22 日在青岛举办，与会领导专家，就各区域的蓝色经济发展状况进行了热烈的交流。到 2014 年，蓝色经济大家谈活动已成功举办五届，成为半岛蓝色经济区发展交流信息、出谋划策、展示成绩的高端智库平台。

2011 年开始，蓝色经济大家谈活动引入院士对话环节，邀请相关领域院士，对山东半岛蓝色经济发展进行评点和建议。从简单的对话形式发展到热烈的现场互动交流，真正发挥了论坛活动支持地方建设的积极作用。

图 8－2　半岛市长论坛现场

三、积极介入第四届生物产业大会

2010 年 6 月 18 日，第四届中国生物产业大会在山东省济南市召开，会议为期 3 天。此次会议由中国生物工程学会等 17 家国家级学会、协会联合山东省人民政府共同主办，大会以“创新生物经济环境，培育战略新兴产业”为主题，结合了我国生物产业发展现状及山东省生物产业发展特点，组织举办了1个高层论坛、9个专题论坛和众多的主题会议，旨在为国内外从事生物技术和生物产业的研发机构和企业搭建政策研讨、学术交流、产品展示、项目合作、融投资对接的综合性平台。

会议期间，大众日报积极围绕大会策划组织采写了一批质量优良的新闻稿件，并与组委会联合策划发行“大众日报生物产业大会特刊”。特刊对生物产业大会和山东省生物产业发展情况进行了综合报道，展示了山东省在生物产业技术发展领域的新成就、新动向，并对山东省内相关领域的企业进行了针对性的宣传。

图8－3　读者在阅读《大众日报·生物产业大会特刊》

同时，特刊从使用性出发，对会议各项活动进行跟踪，成为名副其实的“参会指南”，受到与会者和社会各界的好评。

四、山东战略新兴产业领军人物和领军企业评选

“十一五”以来，山东省高技术产业产业发展驰入快车道，目前已经成为我国高技术产业规模较大、综合实力较强的省份之一。2009年山东省

实现高技术产业产值4664.7亿元，居粤、苏、沪之后，列全国各省市第4位；其他各项主要指标基本也在前四名之列。2011年5月山东省出台《关于加快培育和发展战略性新兴产业的实施意见》，重点布局山东省战略新兴产业发展。

在这种背景下，山东省的新兴产业领域涌现出一大批骨干企业和产业领军人物。大众日报与大众网联合举办“山东战略新兴产业领军人物和领军企业”推选活动，旨在展现山东省在战略新兴产业发展所取得的成就，全面梳理山东省新兴产业发展的脉络和轨迹；并将山东省战略新兴产业、企业，推向全国，形成全社会关注新兴产业发展、重视新兴企业成长的良好舆论氛围。

活动一经推出，即受到社会各界的广泛关注，相关企业积极申报。活动历时两个月，经过网络投票和专家评审等环节的严格筛选，最终瑞阳制药有限公司、山东华兴纺织集团有限公司、莱芜市新艺粉末冶金制品有限公司等8家企业荣膺“2011山东新兴产业创新示范企业”；山东东阿阿胶股份有限公司总裁秦玉峰、浪潮集团高级副总裁王恩东等8位企业家获得“2011山东新兴产业领军人物”称号。

第二节　活动放大价值

一直以来，大众日报不仅仅是山东经济社会发展的关注者、报道者，也是重要的参与者和推动者。

围绕山东省委省政府和各地方的经济社会建设中涌现的各项工作重点，大众日报梳理出了“投资山东”、“品牌山东”、“公益山东”等几个系列主题。在主题的统领下，开展了多项推动山东经济、文化、社会发展的系列主题活动。

主题活动的开展，在凝聚社会注意、宣传山东省经济文化强省建设成就和事迹的同时，也张扬了媒体的责任、树立了媒体的形象，强化了党报在主流舆论中的核心地位。

一、投资山东

投资是经济发展的重要拉动力量。据不完全统计，每年有数万外地企业在山东投资兴业，为山东当地的经济社会发展贡献力量。这其中，各驻鲁异地商会发挥了重要的作用。从2006年起，山东省驻鲁外籍商会已经迅速成立了16家省级商会。以各异地商会为媒介，组织和团结投资者，凝聚财力物力，对山东的区域经济发展具有明显的推动作用。

为此，大众日报品牌运营中心从2009年成立运营之初，就开始酝酿“投资山东”主题。首先与各省级驻鲁异地商会建立联系，进而合作推选山东省内具有投资价值和投资潜力的县市区和园区。

（一）山东最佳投资城市

2009年“首届山东省最佳投资城市”经过各方的酝酿沟通和研讨后，开始面向社会公告启动。活动一经推出，即引起社会强烈反响，全省各地市积极提报候选单位，并组织申报材料。活动历时两个多月，经过推荐申报、公众评议、商会评荐、专家评审等环节，对候选单位投资环境进行全面评估，荣成、文登、滕州、昌乐等27个县（市、区）被评为“2009山东最佳投资城市”。这些单位，从最广泛的层面上，代表了山东省近年来在招商引资工作上的发展成就，彰显了山东省经济社会发展的潜力和活力。

此次活动帮助山东省各县（市、区）找出自己的招商优势、明晰区域经济差异、塑造城市招商形象，形成自己的招商品牌。在宣传地方、总结经验、报道先进的同时，把山东推向全国，逐步树立起“投资山东”品牌；吸引更多的企业和有识之士，共同来开发山东这片投资热土。

图 8－4　山东最佳投资城市颁奖典礼现场

（二）山东最佳投资园区

2010 年，承接上年度对投资山东项目的策划，继续启动“2010 山东最佳投资园区”推选活动。

园区，是产业聚集的载体；对外开放的窗口；体制改革的试验田；经济发展的增长极；城市创富的主引擎。

山东省内有各类园区近 200 个，从综合性的经济开发区，到各类专业化的产业聚集基地应有尽有。这些园区一方面是改革和经济模式创新的试验田，承载着山东省区域经济腾飞的希望，另一方面，这些园区也是山东省各地改造原有城市布局，落实科学发展，打造新型经济体的重要载体。

经过 20 多年的发展，园区的功能、作用已经远远超过了原来意义上的定位与评价，筑就了资本、产业、人才、技术等多个集聚高地，成为我国特有的经济集聚区和经济发展龙头，优势突出。首先，经济先导优势，在带动地区经济增长和优化区域经济结构方面，起到了不可或缺的作用。其次是环境优势，作为园区核心竞争力的直接体现，大投资、高起点、全方位、综合性发展，能够为企业提供适合外交运行、与国际经济发展惯例和模式相对接的投资环境。三是人才密集优势，在我省园区300万从业者中，近20%的人员具有中高级专业职称，每万人中具有专科以上学历的近4000人，青岛、烟台等开发区聚集了所在城市40%以上的海外留学人员。四是创新优势。园区在技术、管理、产业、环境、体制机制等创新方面始终走在全国前列，建立更为强大的创新型园区已经成为园区发展的要务，也成为实现园区“二次创业”和转型升级的核心动力。

在此背景下，园区日益成为我省对外开发的重要窗口和桥头堡，成为各地招商引资的主阵地和主要载体，成为我省国民经济中不可替代的重要部分，发挥着越来越重要的作用。

此次活动继续与各省级异地商会合作，对山东省近200个各类园区进行评比、筛选。活动自2010年4月20日公告以来。各地踊跃提报材料，经过专家评审团和各商会、投资机构负责人参照各地提报材料、数据对各地园区区域环境、优惠政策、基础设施、重点招商项目等进行综合评估，经过深入了解，充分论证最终评出34家经济园区为“2010山东最佳投资园区”。

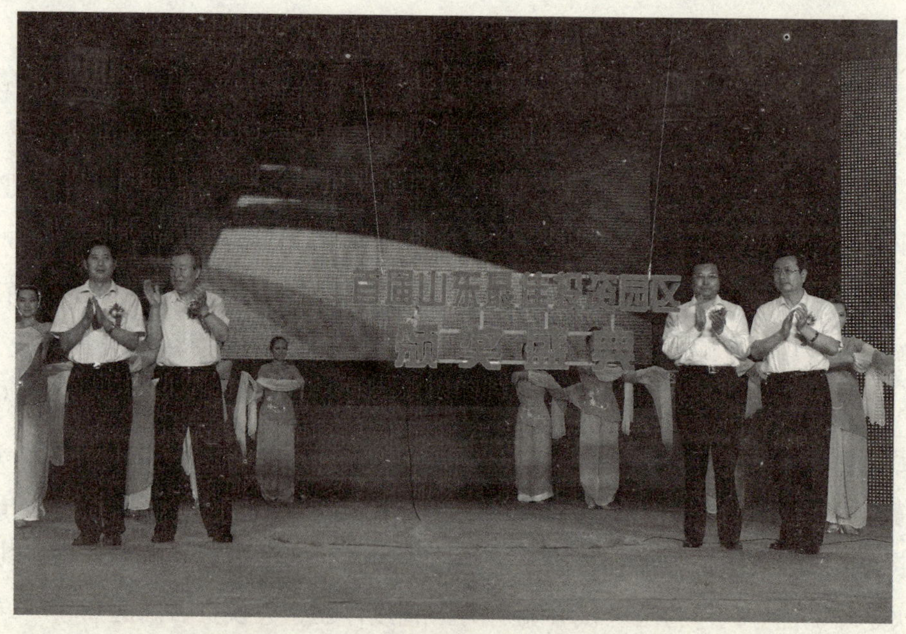

图8－5　山东最佳投资园区颁奖典礼现场

（三）2011 投资山东峰会

为进一步提高投资山东的品牌影响力，树立山东的投资新形象，提升山东经济社会发展质量，加快产业结构调整和全国范围内的产业布局转移，在前两次投资山东项目的基础上，大众日报品牌运营中心与中国投资协会联合举办“2011 投资山东峰会”。

图 8－6　山东投资峰会投融资对接会现场

2011 投资山东峰会于 11 月 18 日～19 日在济南举行。本次活动是大众日报联合中国投资协会重点打造的实质性推动县市区、经济园区招商引资的品牌活动。经过严格的筛选和评比，商河等 8 个县（市、区）获 2011 山东最佳投资城市称号，明水经济开发区等 8 家园区获 2011 最佳投资园区称号，山东省浙江商会常务副会长吴凯等 14 人获 2011 投资山东杰出贡献人物称号。

县域经济和园区经济是拉动区域经济发展、推动经济转调升级的重要载体。伴随着山东经济文化强省建设和“蓝黄”等重点区域带动战略的加速推进，山东各地涌现出一大批设施完善、服务周到、特色鲜明、优势突出的先进县市区和经济园区，涌现出一大批积极投资兴业、为山东发展作出杰出贡献的企业家。本次2011投资山东峰会遴选的各获奖单位、企业家就是其中的杰出代表。

来自全省的16个城市、经济园区，全国各地的50多家企业、投资机构，14家驻鲁省级商会的200多人参加了峰会，是大报此类活动规模最大的一次。参加峰会的许多企业纷纷表示，大众日报举办的这次峰会档次高，有实效，以后在山东投资就找大众日报牵线搭桥。

峰会在内容、形式方面都有重要创新。一是设计了企业与招商引资的城市、园区交流对接，起到了桥梁纽带作用；二是创新传播形式，除了在大众日报做专版外，还出版了会刊，提高了峰会的推广、传播价值；三是尝试了市场化运作，有多家企业对活动进行了实物赞助。

二、品牌山东

在向“经济文化强省”迈进的过程中，山东各地涌现出了一大批有影响力有生命力有号召力的品牌，这些品牌构成了山东面向全国乃至世界参与竞争的主力，也是山东产品的形象代表。

大众日报品牌运营中心，在发掘区域经济发展亮点的基础上，对这些品牌进行了全面的梳理和遴选，同时，加大宣传力度，树立山东品牌的形象，提升山东品牌的价值。

其中，百家领袖品牌评选活动以参与范围广、社会影响大而广受好评。

2009年是新中国成立60周年华诞，大众日报品牌运营中心积极配合各项主流活动，并针对山东省制造业大省、品牌建设相对滞后的现状，从推动山东品牌发展、打造山东产品品牌的起点出发，策划组织新中国60年山东百家领袖品牌推选暨山东首届品牌高峰论坛活动。

从2009年8月，活动开始公告正式推开，经过公众推荐投票、品牌公众调查，专家评审等环节，层层筛选，最终推选出“魅力山东”、“动力山东”、“创新山东”、“诗意山东”、“美味山东”、“华彩山东”、“精益山东”、“大爱山东”、“富强山东”、“服务山东”等十大类100家领袖品牌。这些品牌从不同层面展现了山东经济文化发展的特色，代表了山东品牌发展的成就，体现了“品牌梦想，山东力量”的活动主旨，是60年山东品牌发展的大盘点、山东品牌军团的大检阅。

图8-7　山东百家领袖品牌颁奖典礼现场

2009年12月5日，由大众日报策划发起的山东顶级品牌盛会——“新中国60年山东百家领袖品牌颁奖盛典暨山东省首届品牌高峰论坛”在济南隆重举行。省内各行各业的百家领军企业掌门人、品牌领袖人物汇聚泉城，与来自省内的专家、政府官员，围绕品牌的现状与未来，展开智慧碰撞，头脑风暴，共谋品牌强省大计。

三、公益山东

公益活动，是彰显一个组织、团体社会责任感和形象的重要途径。大众日报作为山东省经济社会发展的积极参与者和建设者，在履行自身职责的同时也努力践行企业公民对社会和国家的责任。为此，大众日报品牌运营中心设计了一系列公益性活动，彰显大报品牌、为社会发展贡献力量。比如“迎全运万人街头健步走”活动就是一个典型的案例。

2009年第十届全国运动会在济南召开，是山东省近年来承办的重要体育赛事。上至省委省政府，下到街头里弄对此次体育盛会报以极大的热情和关注。

图8-8 迎全运万人健步走

响应中央、政府号召，十运会筹委会将此次国家级体育盛会与全民健身紧密结合，期望通过国家级重点赛事的举办带动山东省全民健身热潮。

受第十届全国运动会组委会的委托，大众日报品牌运营中心于全运倒计时100天时间节点，与十运会组委会共同举办“迎全运万人健步走活动”。

2009年7月5日上午，第十一届全运会倒计时100天“泰山体育”山东省全民健步迎全运活动，在省体育中心体育馆北广场启动。来自社会各行各业及团体近万人参加了此次健步走活动。

7月5日上午8点30分，全民健步迎全运活动正式开始。健步队伍从省体育中心体育馆北广场出发，右拐沿经十路向东，过玉函路口，继续向东至泉城公园北门，进入辅道，沿辅道行至舜耕路口右拐，继续沿辅道向南，至马鞍山路口，右拐向西，进入山东大厦北门。随后，参加全民健步迎全运的人员在山东会堂广场签名留念。

参加此次活动的有泰山学者、奥运冠军、省劳动模范，省有突出贡献中青年专家，特级飞行员、抗震救灾模范，残疾人代表、五四青年奖章获得者，省三八红旗手、农民工代表和齐鲁小名士等，还有省直各部门、驻济部队官兵和市民代表。近万人的健步队伍沿经十路、舜耕路等主要干道行进，成为泉城街头一道风景。

第三节　品牌服务提升价值

在传统的品牌运营领域之外，大众日报品牌运营中心结合大众日报自身的优势和党报运营的实际情况，开辟了一条直接与企业贯通的品牌运营道路。即与企业紧密连接，通过为企业提供品牌传播顾问服务深入结合企业发展战略，创造条件实现报社与企业的双赢。这之中，为山东东阿阿胶股份有限公司提供品牌顾问服务，取得了较好的效果。

2011 年开始，在前期充分沟通了解对方合作意图和企业发展状况的基础上，大众日报品牌运营中心与东阿阿胶签署连续三年的战略合作协议和品牌顾问服务协议。大众品牌运营中心以为东阿阿胶提供品牌顾问服务的方式，深入参与企业的传播和经营，在服务企业品牌塑造与传播的同时，带动大众日报的广告经营。

服务过程中，大众日报品牌中心较好地完成了协议约定的各项服务内容，呈现出诸多亮点："新闻带动、活动强化"、"小活动、大传播"，新闻报道和广告异彩纷呈，特别是在企业形象传播上实现了重大突破，在文化传播上实现了高端绵密，在顾问服务上实现了连贯持续。《24 节气养生图谱》和《健康养生》专刊的编辑发布，突破了传统广告的思维，在弘扬传统文化的同时，有力凸显了东阿阿胶的品牌形象，为大众日报增添了文化气息和公益意味。

这种合作模式在多个方面均有创举。在服务方式上，以品牌传播策划为切入点，创新了业务模式，大大节约了党报的版面资源。在合作期限上，一次性签订3年的战略合作，党报经营深入到企业战略层面。在合作深度上，除传统的新闻和广告服务之外，大众日报品牌运营中心以品牌传播顾问的身份深度嵌入企业经营，收到了良好的经济和社会效益。

后　记

近年来，在报业的转型发展中，品牌运营已经成为一个重要的抓手。许多报社设立了品牌运营机构，制订了品牌发展战略，并在品牌产品、品牌活动、品牌策划、品牌整合营销传播等领域开展了卓有成效的工作。这些工作，不仅有力地延伸了报纸内容的影响力，也在一定程度上丰富了报纸的内容，开辟了新的经营渠道，提高了报社对社会生活的参与度和引导力，显现出品牌对报业发展的强劲拉动力。

大众日报是国内较早设立品牌运营机构的省级党报之一。2009 年大众日报品牌运营中心试运营，2010 年正式设立。在报社领导和采编经营部门的全力支持下，大众日报品牌运营中心着力发挥党报优势，着眼整合内外资源，着重发掘区域价值，按照“新闻发现价值，活动放大价值，策划服务提升价值”的运营思路，通过专题报道、主题研讨、高端活动、整合传播、品牌咨询服务等方式，积极打造“财富山东”、“投资山东”、“品牌山东”、“公益山东”等品牌营销平台，得到了山东省委省政府、各有关部门和众多企业的充分肯定和积极支持。

为进一步开阔品牌运营的视野，拓展品牌运营的思路，大众日报品牌运营中心在山东大学文学与新闻传播学院等科研部门和专家学者的支持下，2010 年启动了“报业发展战略与报业品牌运营”课题研究，并被列入山东省社会科学规划研究项目（项目序号 10CXWJ01）。

本书是在“报业发展战略与报业品牌运营”课题研究成果的基础上编撰而成。课题负责人刘明洋制订了本书的纲要、体例并主持了全书的统稿工作，王景强撰写了导言部分并参与全书统稿。孙先凯执笔了本书第一章《媒介研究与报业品牌环境》和第二章《价值链整合与报业品牌战略》，潘宝宝、任雁、闫淼、常海峰、曾克分别执笔了本书第三章《核心价值与报业品牌定位》、第四章《受众体验与报业品牌形象》、第五章《整合传播与报业品牌营销》、第六章《风险时代与报业品牌健康管理》和第七章《报业品牌团队与品牌文化建构》。大众日报品牌运营中心陈健负责了大众日报品牌运营案例的搜集整理和第八章《党报品牌运营实践探索——以大众日报为例》的撰写。环球时报舆情调查中心常务副主任戴元初博士，中国农业大学新闻传播学副教授王朋进博士，曾先后在大众日报品牌运营中心工作过的耿人强、李文明、李鸣、李宁、范戈、白洁等参与了课题的研究和讨论。

本课题的研究，参考和借鉴了刘明洋博士论文《数字化背景下的报业价值链研究》的部分内容。课题部分研究成果已经在《青年记者》等杂志发表。

本课题的设立和实施，得到了山东省社会科学研究规划管理办公室刘兵、陈建兵的大力支持和指导，深表感谢。

在本课题的研究过程中，中国人民大学新闻学院郭庆光先生，山东大学文学与新闻传播学院郑春先生、甘险峰先生、唐锡光先生等，给予了学术上的指导，深表感谢。

大众日报品牌运营中心组织策划并实施的一系列品牌案例，为本书的结构与框架提供了依据。大众报业集团领导傅绍万、赵念民、魏武、王修滋等，对此给予了关心、支持与指导，深表感谢。

大众广告公司的张红军，大众报业集团期刊中心的荆成、赵金，以不同的方式，对于本课题的研究提供了帮助，深表感谢。

还应当深表感谢的是山东人民出版社的郭海涛社长以及本书的责任编辑李言英女士。正是因为他们的热情付出和精细工作，才有了本书的出版。

最后需要感谢的是大众报业集团这个集体。大众报业集团近些年成功的转型发展，是我们执行这个课题研究的深厚背景。

置身于新的媒介环境之中，转型发展中的报业，品牌运营是一个极具理论和实践价值的研究领域。限于时间和水平等因素，本书疏漏之处难免，敬请批评指正。

《报业发展战略与报业品牌运营》课题组

2013 年 12 月